Five years of ELEUK conferences: a selection of short papers from 2019

Edited by Amparo Lallana,
Lourdes Hernández Martín,
and Mara Fuertes Gutiérrez

Published by Research-publishing.net, a not-for-profit association
Contact: info@research-publishing.net

© 2020 by Editors (collective work)
© 2020 by Authors (individual work)

Five years of ELEUK conferences: a selection of short papers from 2019
Edited by Amparo Lallana, Lourdes Hernández Martín, and Mara Fuertes Gutiérrez

Publication date: 2020/07/13

Rights: the whole volume is published under the Attribution-NonCommercial-NoDerivatives International (CC BY-NC-ND) licence; **individual articles may have a different licence**. Under the CC BY-NC-ND licence, the volume is freely available online (https://doi.org/10.14705/rpnet.2020.41.9782490057634) for anybody to read, download, copy, and redistribute provided that the author(s), editorial team, and publisher are properly cited. Commercial use and derivative works are, however, not permitted.

Disclaimer: Research-publishing.net does not take any responsibility for the content of the pages written by the authors of this book. The authors have recognised that the work described was not published before, or that it was not under consideration for publication elsewhere. While the information in this book is believed to be true and accurate on the date of its going to press, neither the editorial team nor the publisher can accept any legal responsibility for any errors or omissions. The publisher makes no warranty, expressed or implied, with respect to the material contained herein. While Research-publishing.net is committed to publishing works of integrity, the words are the authors' alone.

Trademark notice: product or corporate names may be trademarks or registered trademarks, and are used only for identification and explanation without intent to infringe.

Copyrighted material: every effort has been made by the editorial team to trace copyright holders and to obtain their permission for the use of copyrighted material in this book. In the event of errors or omissions, please notify the publisher of any corrections that will need to be incorporated in future editions of this book.

Typeset by Research-publishing.net
Cover layout by © 2020 Raphaël Savina (raphael@savina.net)
ELEUK logo by © 2020 Association for the teaching of Spanish in higher education in the United Kingdom (https://www.eleuk.org/institutional-members/)

ISBN13: 978-2-490057-63-4 (Ebook, PDF, colour)
ISBN13: 978-2-490057-64-1 (Ebook, EPUB, colour)
ISBN13: 978-2-490057-62-7 (Paperback - Print on demand, black and white)
Print on demand technology is a high-quality, innovative and ecological printing method; with which the book is never 'out of stock' or 'out of print'.

British Library Cataloguing-in-Publication Data.
A cataloguing record for this book is available from the British Library.

Legal deposit, France: Bibliothèque Nationale de France - Dépôt légal: juillet 2020.

Table of contents

v   Notes on contributors

xi   Prólogo
Carlos Soler Montes

1   Introduction: 5 years of ELEUK
Amparo Lallana, Lourdes Hernández Martín, and Mara Fuertes Gutiérrez

Section 1.
Reflecting on Spanish L2 teaching practice

7   Hacia la integración de lengua y contenido a través del aprendizaje digital y la clase invertida
María García Florenciano y Juan Muñoz López

19   La correlación de tiempos en subjuntivo: el caso del periodismo escrito argentino y la interpretación de la discordancia temporal
María Marta García Negroni

31   Regresamos al 'Aula de nunca jamás': liberar a Campanilla
M. Vicenta González Argüello y Begoña Montmany Molina

41   El acto de habla de disculpa en la enseñanza y el aprendizaje de ELE: una unidad didáctica en línea
Mario Saborido Beltrán

Section 2.
Empowering Spanish L2 learners: enhancing engagement and student agency

55   El uso del debate estructurado en clase como herramienta para desarrollar el pensamiento crítico en la clase de ELE
Lidia Acosta

Table of contents

67 El uso de diarios como herramienta pedagógica para explorar la conciencia metalingüística de los estudiantes universitarios de idiomas
Susana Carvajal y Argyro Kanaki

79 Raising awareness on assessment criteria through peer-assessment and self-reflection in the Spanish oral class
Alba del Pozo García

89 Learner generated digital content: from posters to videos to promote content acquisition in a language class
Esther Lecumberri and Victoria Pastor-González

101 Evaluación continuada y para el aprendizaje del español nivel A1 en asignaturas de libre elección en el contexto universitario
Kristina Pla Fernández

113 Testimonios

115 Author index

Notes on contributors

Editors

Amparo Lallana is Interim Director of the Institute of Languages and Culture at Regent's University London. A Principal Lecturer with solid experience in academic management, she has taught Spanish and intercultural communication in Spain, the US, and the UK. She has published on study abroad, computer mediated communication, online intercultural exchanges, and on languages and employability. Her current research is on intercultural communicative competence. A founding member of ELEUK, Amparo chaired the association from 2014 to 2019.

Dr Mara Fuertes Gutiérrez is Head of Spanish at the Open University. Mara has experience in teaching Spanish, linguistics, and research methods applied to languages in higher education and she regularly teaches on teacher training programmes. Over her career, Mara has conducted extensive research in the areas of teaching and learning Spanish, historiography of linguistics, linguistic typology, and sociolinguistics. Currently, she is co-leading the diasporic identities and politics of language teaching strand of the AHRC-funded Language Acts and Worldmaking project.

Lourdes Hernández Martín is Language Coordinator (Arabic) and Coordinator for Spanish projects at the London School of Economics and Political Sciences. She has taught and coordinated languages in higher education environments in both Tunisia and the UK. Lourdes has conducted research and coordinated projects in technology enhanced assessment and project-based learning. Her current research focuses on the use of ethnography in language teaching-learning and multilingual contexts. A founding member of ELEUK, Lourdes was Secretary of the association between 2014-2018.

Foreword

Dr Carlos Soler Montes is a Lecturer in Spanish linguistics at the University of Edinburgh. He has obtained thorough training in language pedagogy and has worked as a Spanish language teacher throughout his career at the Instituto Cervantes and various North American universities (Connecticut, Calgary, and New Mexico). As a researcher, Carlos is particularly interested in the area of language variation from a pluricentric perspective and how this variation can be dealt with by native speakers, learners, and new speakers of Spanish.

Reviewers

Dr Lidia Acosta, see Authors' section
Dr Alba del Pozo García, see Authors' section
Dr Mara Fuertes Gutiérrez, see Editors' section

Teresa García has been teaching Spanish for over 20 years and has worked at several higher education institutions and universities across London. She is currently Team Leader for Iberian languages and Deputy Chair of the Assessment Board of the Modern Language Centre, King's College London. Born and educated in Madrid (Universidad Complutense), Teresa also completed an MA in Spanish, Portuguese, and Latin American cultural studies at Birkbeck University of London. Teresa has played a very active part in creating and developing the Association of Teachers of Spanish in the UK (ELEUK), which aims to foster research and share excellence and good practice in the teaching of Spanish at higher education and university level.

Lourdes Hernández Martín, see Editors' section
Amparo Lallana, see Editors' section
Esther Lecumberri, see Authors' section

Isabel Molina Vidal has been teaching Spanish as a foreign language at the University of Leeds and at Instituto Cervantes in Leeds (UK) since 2013 and has an MA in technology, education and learning (University of Leeds). In 2019 she was awarded FHEA (Fellowship Higher Education Academy). She is currently a postgraduate researcher at the School of Education (University of

Leeds). Her areas of research include technology enhanced language learning, the use of text-based online chat to learn languages, and the use of digital tools and gamification to teach cognitive grammar. You can contact Isabel at: i.molinavidal@leeds.ac.uk

Dr Victoria Pastor-González, see Authors' section

Inma Pedregosa is Senior Lecturer in Spanish and translation at the University of Roehampton. Inma has trained language teachers in mediation in the UK and Spain and mediation is one of her research interests. She also researches the use of audiovisual translation for language learning, specifically subtitling for the hard of hearing and audio description for the blind.

Dr Kristina Pla Fernández, see Authors' section
Mario Saborido Beltrán, see Authors' section

Jordi Sánchez is currently a Lecturer of Spanish at the University of Liverpool where he teaches undergraduate advanced students in their second year, as well as translation for teaching purposes with the linguistic awareness module. He has extensive experience teaching Spanish and Catalan as a foreign language at the Instituto Cervantes in Manchester, Manchester Metropolitan University, and now at UoL. Jordi is also very interested in the use of technology as a means of blended learning. At present he is researching this field as well as the use of flipped classrooms in higher education and the use of Google Translate for language learning purposes.

Dr Carlos Soler Montes, see Foreword's section

Authors

Dr Lidia Acosta graduated from the University Complutense of Madrid (1996) in media studies (Advertising and Public affairs). She holds an MA in

Notes on contributors

communication for public and political institutions (University Complutense of Madrid) and a PhD in politics from the University of Glasgow. She joined the Department of Modern Languages at Strathclyde University in 2006 and is currently teaching Spanish language, interpreting, Latin American history, and film. Her main area of research is Latin American politics and language pedagogy.

Susana Carvajal es Lector de Español en la Universidad de Dundee con una amplia experiencia en la enseñanza del español como lengua extranjera tanto en escuelas de idiomas como en el entorno académico. Ha colaborado en varios proyectos editoriales relacionados con la enseñanza del español. Actualmente combina su actividad docente con la investigación sobre conciencia metalingüística.

Dr Alba del Pozo García is Teaching Associate in Spanish at the University of Nottingham since 2018. She is currently teaching Spanish language modules in Year 2 and Year 3. Her experience includes different institutions and countries. In the UK she worked as Teaching Fellow in Spanish at the University of Birmingham and she has also been a language tutor at the Instituto Cervantes and at the University of Leeds. She is interested in language learning pedagogy, CLIL, and peer and self-assessment.

María García Florenciano started her career in Spanish as a foreign language at the Instituto Cervantes and the University of York, and since 2001 she has been Lecturer in Spanish at the University of Leeds, where she has developed and taught courses in Spanish at all levels, and contributed to a number of modules, such as translation or linguists into schools. Her scholarship focuses in the areas of teacher training, the use of authentic materials and real tasks, and CLIL.

Dr María Marta García Negroni is Associate Professor of academic writing at the Universidad de San Andrés, Buenos Aires, Argentina. She is also principal researcher at the National Council for Scientific and Technical Research (CONICET). She holds a PhD in sciences du langage from the École des

Hautes Études en Sciences Sociales, Paris, France (1995). Her research interests centre around grammatical, semantic, and pragmatic issues in Spanish. She has published extensively on verbal tenses, polemic and metalinguistic negation, discourse markers, and academic discourse.

Dr M. Vicenta González Argüello: Doctora en Filosofía y Ciencias de la Educación, imparte docencia en los grados de Educación Infantil y Educación Primaria y en el Máster de Formación de profesores de ELE (Universidad de Barcelona). Es codirectora del Máster online de Profesores de ELE (UNIBA-Universidad de Barcelona) y colabora en el Máster de Formación de profesores de ELE de la UIMP-IC.

Argyro Kanaki es Lector en Educación en la Universidad de Dundee. Cuenta con una amplia experiencia como profesora de lenguas. Investiga el campo de la conciencia metalingüística. Domina cinco idiomas europeos y está cualificada como profesora de cuatro de ellos. Su actividad docente actual se centra en la pedagogía de lenguas modernas, temas de cultura y debates sobre educación internacional.

Esther Lecumberri is Senior Lecturer in Spanish at Regent's University London. Her research interests include the use of mobile devices and learner generated digital content in language learning and teaching. She has presented and published on global simulation, the use of blogs and wikis to encourage student collaboration, and learner generated materials. Her most recent work is the chapter "Mobile phones in my language class: a cause for concern or a source of communication" in the edited collection Exploratory Practice for Continuing Professional Development (Palgrave Macmillam 2018).

Begoña Montmany Molina: Licenciada en Filología Hispánica por la Universitat de Barcelona. Profesora de español como lengua extranjera en International House Barcelona, dirige el departamento de Formación de profesores de ELE de International House Barcelona y codirige los Encuentros Prácticos de profesores de ELE de IH Barcelona-Difusión. Colabora en varios programas de máster de formación de profesores de ELE.

Notes on contributors

Juan Muñoz López, a Lecturer in Spanish as a foreign language at the University of Leeds since 2002, started his Spanish teaching career at the Instituto Cervantes in Leeds in 1999 and at Leeds Beckett University in 2000. Throughout his career he has taught Spanish in secondary, further, and higher education. CLIL and the Year Abroad are among his research interests.

Dr Victoria Pastor-González is Senior Lecturer at Regent's University London. Her research interests include Spanish and Latin American docudrama, representations of memory, trauma, and political conflict in film, and multimodal pedagogies. She has presented and published in the areas of fact-based drama, languages and employability, and learner generated materials. Her latest work on contemporary female biopics appeared in the edited volume Film and Domestic Space: Architectures, Representations, Dispositif (EUP, 2018). She recently published a study guide for the television movie Clara Campoamor, la mujer olvidada (FILTA 2016).

Dr Kristina Pla Fernández is an Assistant Teaching Fellow in Spanish at the CFLS at Durham University. Prior to this post she also taught Spanish and Catalan at the University of Leeds and Spanish at the University of Manchester during her postgraduate studies. Her main teaching and research interests are assessment, foreign language writing, effective feedback, and independent learning activities and portfolios.

Mario Saborido Beltrán holds an undergraduate degree in English studies (University of Granada) and a MScR in applied linguistics to the teaching of Spanish as a foreign language (Antonio de Nebrija University). He is a tutor in Spanish language and Hispanic cultures at the Department of European Languages and Cultures (University of Edinburgh), where he is also doing his PhD on Andalusian Spanish.

Prólogo

Carlos Soler Montes[1]

Así que pasen cinco años (o cien) en la enseñanza de español en Reino Unido

Cinco años han pasado desde la organización del primer encuentro de la asociación que reúne a los profesores de español de Reino Unido, ELEUK. Estos cinco años de recorrido han estado marcados por los encuentros anuales que la asociación ha organizado con puntualidad (británica) en colaboración con distintas universidades, con la intención de crear un espacio para el intercambio de ideas, el diálogo académico, la presentación de proyectos de investigación e innovación docente, así como para el desarrollo de una red de profesionales dedicados a la enseñanza de la lengua española en el contexto universitario y de la formación continua. Las universidades de Nottingham, Reading, Strathclyde (Glasgow), King's College (Londres) y Edimburgo han acogido estos encuentros cada mes de junio de estos últimos cinco años.

El encuentro organizado en la Universidad de Edimburgo los días 13 y 14 de junio de 2019 sirvió además para celebrar el primer centenario de la enseñanza del español en esta universidad que, en 1919, estableció su programa de lengua española y estudios hispánicos. Los participantes de este congreso tuvieron la oportunidad de visitar la exposición *Conectando: Scottish Encounters with Spanish & Portuguese*, comisariada por Fiona Mackintosh e Iona Macintyre, profesoras e investigadoras del departamento de Spanish, Portuguese and Latin American Studies de la Universidad de Edimburgo, en donde se reunieron documentos, libros y obras de arte procedentes de los archivos y colecciones de la universidad, además de una serie de objetos pertenecientes a antiguos alumnos del Grado en Estudios Hispánicos, que sirvieron para mostrar la historia de la enseñanza de la lengua y las culturas hispánicas en una típica universidad

---

1. The University of Edinburgh, Edinburgh, United Kingdom; carlos.soler@ed.ac.uk; https://orcid.org/0000-0002-4085-9878

Para citar: Soler Montes, C. (2020). Prólogo. En A. Lallana, L. Hernández Martín y M. Fuertes Gutiérrez (Eds), *Five years of ELEUK conferences: a selection of short papers from 2019* (pp. xi-xiv). Research-publishing.net. https://doi.org/10.14705/rpnet.2020.41.1069

Prólogo

británica, en torno a un recorrido a través de las experiencias de los estudiantes, de sus viajes de estudios por el mundo hispano, y de su visión y solidaridad en momentos difíciles de la historia del siglo XX, como la Guerra Civil española o la dictadura de Pinochet en Chile.

Cien años, estos, de español en el contexto universitario que nos sirven ahora para reflexionar y poner en perspectiva la situación en que se encuentra el sector de la enseñanza del español en el Reino Unido en la actualidad. Las noticias sobre aumento constante de estudiantes de español, y el crecimiento generalizado de programas y estudios en lengua española, tanto en los departamentos como en los centros de lenguas de las universidades de todo el país, parecen indicar que la enseñanza del español en el Reino Unido goza de buena salud y amplias perspectivas de futuro. El hecho de que en estos últimos años se haya visibilizado (y oficializado también) la actividad académica de la enseñanza de español alrededor de la asociación de ELEUK tiene mucho que ver, pues indica que el aumento del interés por el aprendizaje del español como lengua extranjera entre los estudiantes británicos es, en cierta medida, paralelo a la necesidad de organización de un amplio grupo de docentes en torno a una disciplina académica, relativamente nueva, y que hasta hace muy poco quedaba difuminada bajo los principales intereses y las grandes líneas de investigación tradicionales del hispanismo británico: historia de la literatura, estudios culturales, estudios fílmicos, traducción y, en menor medida, lingüística, entre otros.

En estos últimos años, parece que la enseñanza del español en las universidades británicas ha dejado de ser una materia aplicada o de carácter práctico sin más, asociada a una serie de destrezas docentes muy concretas y mecánicas, y a la acumulación de cierto tipo de experiencia profesional, para convertirse en una auténtica disciplina académica, que se desarrolla con solidez a través del conocimiento y la reflexión por parte del profesorado que la integra y no solo de la práctica, y que se forja también en la investigación, a través de estudios informados y profundos de la lengua, para poder llegar a la activación y el desarrollo de las competencias docentes necesarias para enseñarla y aprenderla, además de a una serie de componentes actitudinales que nos predisponen y nos acercan, como profesores e investigadores, al contexto específico en el que trabajamos.

Algunas de las pistas que evidencian que este cambio se ha estado produciendo con paso firme, y que ha llegado a conquistar espacios reservados hasta hace muy poco a otras áreas y disciplinas del ámbito de las ciencias sociales y las humanidades en Reino Unido, son particularmente llamativas y nos tienen que llenar de orgullo. En 2014 ve la luz el primer número del *Journal of Spanish Language Teaching*, la primera publicación periódica nacida en Gran Bretaña con vocación académica y un alto índice de impacto investigador dedicada en exclusiva a la enseñanza de la lengua española, fundada y dirigida por Javier Muñoz-Basols (Universidad de Oxford) y publicada de manera bianual por la editorial Routledge. Desde Routledge también, y bajo la incansable iniciativa de Muñoz-Basols, surge la famosa colección de manuales monográficos dedicados a la formación de profesores de español, *Routledge Advances in Spanish Language Teaching*, así como la publicación en 2018 de *The Routledge Handbook of Spanish Language Teaching. Metodologías, contextos y recursos para la enseñanza del español L2*, que posiciona al Reino Unido en un lugar privilegiado y de referencia para el estudio de la enseñanza del español como disciplina académica en el mundo.

De forma casi paralela, el Arts and Humanities Research Council lanza el mayor proyecto de investigación dentro del ámbito disciplinar de las llamadas Lenguas Modernas en la historia del país: *Open World Research Initiative*, en el que con un presupuesto multimillonario se forman equipos de trabajo de 16 universidades británicas. Una de las cuatro ramas de este macroproyecto titulada *Language Acts and Worldmaking* incluye, a su vez, una línea de investigación dirigida a examinar la figura y el papel de los profesores de lenguas extranjeras, *Diasporic Identities and the Politics of Language Teaching*, que comienza su andadura en 2017 bajo de la dirección de Inma Álvarez y Mara Fuertes-Gutiérrez (The Open University). Será el primer proyecto de esta magnitud que se dedique por entero a estudiar las dimensiones de la figura del profesor de lenguas (entre ellas el español), su identidad y su desarrollo profesional.

Prólogo

El 28 de marzo de 2014 un grupo de profesores de español constituyen ELEUK en Londres. Amparo Lallana (Regent's University London), Lourdes Melción (Universidad de Roehampton), Lourdes Hernández-Martín (London School of Economics), Teresa García (King's College London) y Vicens Colomer (Universidad de Roehampton) serán los miembros fundadores y los integrantes del primer comité ejecutivo que eche a andar la asociación y siente las bases de lo que es hoy: un punto de encuentro para docentes de español en universidades británicas que, juntos, se forman y se desarrollan como profesores y también como investigadores, al entender que la investigación sobre la enseñanza del español es otro escalón, quizás el último, en su capacitación como profesionales competentes en un ámbito académico de calidad y con un espíritu de mejora continua.

En 2020 profesores y miembros de ELEUK publican por primera vez los trabajos de investigación que presentaron en el último encuentro de la asociación organizado en Edimburgo, bajo la cuidadosa mirada de las editoras de este volumen, Amparo Lallana, Lourdes Hernández-Martín y Mara Fuertes-Gutiérrez.

Tras cinco años de rodaje y de encuentros de ELEUK, la asociación da un paso más, probablemente el mayor hasta la fecha, para cumplir sus objetivos y su compromiso con el sector al que representa, reafirmándose en su misión y contribuyendo, ahora también desde el rigor y la legitimidad de la escritura académica, a la consolidación de los estudios y la investigación sobre la enseñanza del español como lengua extranjera en el Reino Unido.

Introduction: 5 years of ELEUK

Amparo Lallana[1], Lourdes Hernández Martín[2], and Mara Fuertes Gutiérrez[3]

We are delighted to be able to present to you this fifth anniversary volume which inaugurates a series of publications emanating from conferences organised by ELEUK, the Association for the Teaching of Spanish in Higher Education in the United Kingdom (www.eleuk.org).

Nearly a decade ago, Spanish Language Teaching (SLT) was going from strength to strength across higher education; however, there were hardly any conferences or professional development events within the UK dedicated specifically to the teaching of Spanish. University colleagues and language professionals got together to launch a space from where to promote the teaching and learning of Spanish, foster research in SLT, provide opportunities for teacher development, facilitate collaboration among its members, and enhance subject expertise.

In 2014, and after a series of symposiums and events in London and other parts of the UK, the association ELEUK was officially born with the purpose of becoming the academic organisation dedicated specifically to Spanish language instruction in higher education.

In the 5 years since its foundation, ELEUK annual conferences have been a forum for the exchange of good practice and research in SLT as well as a source of professional development and a platform for the dissemination of subject expertise, with hundreds of delegates participating in presentations and discussions on research and practice. More importantly, ELEUK has fostered a

---

1. Regent's University London, London, United Kingdom; lallanaa@regents.ac.uk

2. London School of Economics and Political Science, London, United Kingdom; l.hernandez-martin@lse.ac.uk

3. The Open University, Milton Keynes, United Kingdom; mara.fuertes-gutierrez@open.ac.uk

How to cite: Lallana, A., Hernández Martín, L., & Fuertes Gutiérrez, M. (2020). Introduction: 5 years of ELEUK. In A. Lallana, L. Hernández Martín & M. Fuertes Gutiérrez (Eds), *Five years of ELEUK conferences: a selection of short papers from 2019* (pp. 1-4). Research-publishing.net. https://doi.org/10.14705/rpnet.2020.41.1070

Introduction

sense of community among university teachers of Spanish L2, given confidence to budding researchers, and enabled collaborative projects among its members.

Pedagogic research and professional development around SLT continues developing at pace both in Spanish speaking countries and elsewhere. In that landscape, ELEUK has embraced current pedagogic debates and contributed to furthering knowledge by welcoming well-known linguists and L2 teaching specialists to its annual conferences. Over the years, scholars at the forefront on their specialism – from Enrique Martin Peris and Jane Arnold to Elena Verdía and Victoria Escandell to name just a few[4] – have delivered thought-provoking keynotes and hands-on workshops on their areas of expertise.

For the last ELEUK annual conference in 2019, the University of Edinburgh welcomed more than 80 participants. Nineteen delegates and guest speakers (M. Vicenta González Argüello, Begoña Montmany Molina, María Marta García Negroni, Fuensanta Puig, and Javier Villatoro) presented their work over two days of stimulating and rich debate on SLT research and practice, the conference's main themes.

This anniversary volume brings together a number of those proposals. Some reflect on normative aspects of Spanish or present teacher research on the learning and teaching process. Others suggest strategies to engage students in reflective learning or understanding assessment as well as activities to enhance learner agency.

Content and Language Integrated Learning (CLIL) has been at the forefront of pedagogical thinking in recent years. **García Florenciano and Muñoz López** give an overview of the opportunities it provides to develop students' intercultural competence and language skills, as well as to foster learners' motivation. The authors describe several CLIL workshops and activities they designed for students in the Hispanic Studies programmes, based on a flipped classroom model supported by extensive use of digital tools.

---

4. See www.eleuk.org for a full list of presenters and keynote speakers.

García Negroni explores the complexities in the use of subjunctive verb forms, both relative to context and to tense sequencing. Furthermore, and from a corpus of recent texts published in Argentinian newspapers, this paper analyses the role of the speaker's positioning and finds evidence of what may emerge as a noticeable grammatical change in the use of subjunctive tenses.

In their paper, **González Argüello and Montmany Molina** describe their engaging professional development workshop scaffolded on game-design elements that trigger reflection on classroom dynamics. Through a gamified experience, teachers are encouraged to design activities that create the conditions for students to be protagonists in their learning.

In the area of pragmatics, **Saborido Beltrán** discusses speech acts in Spanish, and apology speech acts in particular. The paper describes an online teaching unit designed for learners to practice these structures. Data generated through engagement with its activities contribute to establishing the linguistic structures and the pragmatic strategies used by students to apologise.

The focus of **Acosta'**s paper is on developing students' critical thinking through Structured Classroom Debates (SCDs). Before taking part in a class debate, students not only work on their oral skills but are also encouraged to research, analyse, and reflect on the topic independently. The author describes the process of incorporating SCD to the class, an activity proven to increase students' participation.

Carvajal and Kanaki present the results of a longitudinal study exploring metalinguistic awareness in language learners through the use of learning journals. The authors discuss learners' approaches to establishing conscious comparisons with the L1 and suggest further strategies to enhance students' awareness of learning strategies.

Teachers using communicative language methods face an important challenge: the anxiety speaking tasks tend to cause in students. To mitigate that, **del Pozo García** designed a series of activities aimed at developing students'

Introduction

oral communication skills while increasing their confidence. Familiarity with evaluation criteria and self-monitoring their performances were the main drivers of those activities.

Lecumberri and Pastor-González explore in their contribution the positive effect of introducing learner generated digital content to promote content acquisition in a Spanish for specific purposes advanced class. Challenged to take an active role in their learning and knowledge acquisition, students created digital learning materials and resources in different media which resulted in enhanced learning outcomes.

Institutional changes can offer unexpected opportunities to rethink teaching practices. When the institution decided to move from exams to continuous assessment, **Pla Fernández** took the opportunity to redesign her evaluation methods, integrating motivation triggers combined with explicit practice on learning how to learn. This paper details the reflective process for redesigning the assessment.

We believe these nine papers are testament to the vibrant spirit of enquiry present in the Spanish teaching community in UK universities today. Furthermore, this publication, the first of many we hope, proves that Spanish L2 instruction in higher education is well established in the UK and that it will continue to thrive with confidence and, certainly, with the dedicated support of ELEUK, our association.

To conclude, we would like to express our sincere appreciation to all presenters, delegates, organisers, hosts, and sponsors of this and previous conferences for their support. We would especially like to thank the Department of European Languages and Cultures at the University of Edinburgh, for hosting this fifth conference. Finally, we would like to recognise the invaluable assistance given by Sylvie Thouësny and Karine Fenix at Research-publishing.net, without whom this volume would not be in your hands.

Section 1.

Reflecting on Spanish L2 teaching practice

Hacia la integración de lengua y contenido a través del aprendizaje digital y la clase invertida

María García Florenciano[1] y Juan Muñoz López[2]

Resumen

El aprendizaje integrado de la lengua y otros contenidos curriculares en los programas de lenguas modernas ofrece valiosas posibilidades para el desarrollo de la competencia intercultural, las destrezas lingüísticas y la motivación del aprendiente. Con el objetivo de potenciar esta integración, se han programado una serie de talleres y actividades dentro de las asignaturas de lengua y de contenido existentes en los programas de Estudios Hispánicos en la Universidad de Leeds (Reino Unido). Estas actividades se han diseñado teniendo presente el enfoque de las 4 C (Coyle, 1999): *contenido* (¿cuáles son los objetivos de aprendizaje?), *conocimiento* (¿qué habilidades cognitivas de orden superior o inferior se incluyen?), *comunicación* (¿cuál será la lengua del aprendizaje, la lengua para el aprendizaje y la lengua a través del aprendizaje?), *cultura* (desarrollo de una conciencia pluricultural). El modelo pedagógico que ofrece la clase invertida, facilitado por el uso de varias herramientas digitales, nos permite trasladar la instrucción directa al espacio individual, fuera del aula y antes de la clase. De esta manera pretendemos potenciar el aprendizaje autónomo y que la dinámica del aula pueda centrarse en el aprendizaje activo de los estudiantes, el pensamiento crítico, la colaboración y la retroalimentación (Bergmann, Overmyer y Willie, 2011).

1. University of Leeds, Leeds, United Kingdom; m.garciaflorenciano@leeds.ac.uk

2. University of Leeds, Leeds, United Kingdom; j.munoz@leeds.ac.uk

Para citar este capítulo: García Florenciano, M., & Muñoz López, J. (2020). Hacia la integración de lengua y contenido a través del aprendizaje digital y la clase invertida. En A. Lallana, L. Hernández Martín y M. Fuertes Gutiérrez (Eds), *Five years of ELEUK conferences: a selection of short papers from 2019* (pp. 7-18). Research-publishing.net. https://doi.org/10.14705/rpnet.2020.41.1071

Capítulo 1

Palabras clave: aprendizaje integrado de contenidos en lengua extranjera, AICLE, funciones cognitivas del discurso, clase invertida.

1. Introducción

Una de las presiones a las que actualmente se enfrentan los programas de lenguas modernas en las universidades del Reino Unido es la demanda, por parte del estudiantado, de un mayor número de horas de clase en las asignaturas destinadas al aprendizaje de la lengua meta. Al inicio de sus estudios estos alumnos suelen tener como principal motivación la mejora de su competencia lingüística (Gieve y Cunico, 2012), por lo que sus expectativas respecto a las asignaturas de lengua pueden no ser proporcionales al número de créditos (y recursos) que se dedican a estas.

Una respuesta obvia a esta situación es el uso de la Lengua Objeto (LO) como medio de instrucción en el resto de las asignaturas, ya que proporcionaría más oportunidades de práctica y podría afectar positivamente a la percepción que tiene el estudiante de su progreso lingüístico y, como consecuencia, aumentar su motivación académica. Al mismo tiempo, incrementar el número de materias que se imparten en la LO contribuiría a reducir la brecha entre las asignaturas de lengua y las de estudios culturales actualmente presente en muchos programas universitarios (Hutchings y Matras, 2017).

Varios estudios (Busse y Walter, 2013; Gieve y Cunico, 2012) han destacado los problemas que presenta este enfoque dual, que aún persiste en muchas universidades del Grupo Russell, colectivo de 24 universidades líderes en el Reino Unido con alto nivel de investigación. A pesar de que algunos profesores intentan salvar las distancias de la llamada brecha entre lengua y literatura, estos esfuerzos suelen no estar planificados y limitarse al uso de la LO en la instrucción. Sin embargo, no se trata simplemente de que los profesores de contenido comiencen a impartir sus clases en LO. La riqueza del input es esencial pero no suficiente para mejorar la competencia lingüística. Las cuestiones pedagógicas que rodean al uso de la LO en las asignaturas de contenido en los programas de lenguas modernas se han discutido con frecuencia, pero nos interesa especialmente explorar las posibilidades que ofrece el Aprendizaje Integrado de Lengua y Contenido (AICLE/CLIL por sus siglas en inglés) para fomentar la motivación del aprendiente y su competencia lingüística e intercultural. De acuerdo con Mehisto (2012)[3], AICLE se define como un enfoque educativo dual en el que un idioma adicional se utiliza para la enseñanza y el aprendizaje de contenido y lengua con el objetivo de promover el dominio tanto del contenido como de la lengua a unos niveles predefinidos.

2. Contexto

En la Escuela de Lenguas, Culturas y Sociedades de la Universidad de Leeds no existe una política lingüística o postura oficial con respecto al uso de la LO en las asignaturas de contenido. A pesar de que existe una actitud positiva hacia la integración de lengua y contenido, también se perciben algunos miedos como: tener que simplificar o reducir la cantidad de materia que se cubre, que el estudiante pierda motivación o interés al no poder seguir la clase o la cantidad de trabajo que implica el adaptar los materiales y modificar el estilo de docencia. La decisión sobre cuál ha de ser la lengua de instrucción recae en última instancia en el coordinador de la asignatura o, incluso, el tutor que imparte la clase o seminario. También entran en juego factores logísticos, como el hecho de que una asignatura se ofrezca como créditos de libre configuración a estudiantes de otros planes de estudio sin establecer unos requisitos mínimos de competencia lingüística. Esta situación resulta en una amplia gama de prácticas docentes que se distribuyen a lo largo de todo el continuo que plantean Davison y Williams (2001, Tabla 1).

Con el objetivo de establecer colaboraciones entre los profesores de lengua y los especialistas en otras áreas, e identificar asignaturas, tanto de lengua como de otros contenidos, que puedan beneficiarse de la implantación de un

---

3. Nuestra traducción.

enfoque AICLE, se creó un grupo de trabajo integrado por profesores de lengua procedentes de las áreas de alemán, español, francés e italiano. En este trabajo presentamos una secuencia diseñada por dos profesores de este grupo para complementar una asignatura de Historia de segundo curso en el programa de Estudios Hispánicos.

Tabla 1. Continuo en la enseñanza de lengua y contenidos (traducido y adaptado de Davison y Williams, 2001, p. 100)

Énfasis en el contenido				Énfasis en la lengua
Clase de contenido	Contenido con atención a la lengua	Integración simultánea de lengua y contenido	Lengua en contexto	Clase de lengua

3. Marco teórico

3.1. Enfoque AICLE

La naturaleza multifacética de AICLE nos permite experimentar con una multitud de enfoques pedagógicos. Gracias a esta flexibilidad, podemos intentar optimizar el aprendizaje en la práctica tan variada que existe en nuestro contexto. No obstante, a pesar de la diversidad en los formatos, al programar las clases y desarrollar los materiales, mantenemos como base común los principios básicos de la práctica AICLE.

Así, el diseño de las actividades tiene como eje primordial el marco conceptual de las 4 Cs de Coyle (2015), que identifica los elementos clave de AICLE como: contenido, cognición, comunicación y cultura. El **contenido** se refiere a la materia objeto de estudio, que en nuestro caso abarca disciplinas como Historia, Literatura, Cine, Política o Estudios de género. No solo se trata de la adquisición de conocimiento y destrezas específicos a la disciplina, sino también de la construcción por parte del estudiante de su propio conocimiento y entendimiento.

El concepto de **cognición** se entiende como el nivel cognitivo en el que el aprendizaje tiene lugar, las habilidades y procesos mentales que deben activarse para llevar a cabo las tareas AICLE. Aquí es importante destacar que el nivel cognitivo en el que operan los aprendientes no debe nunca verse limitado por su nivel de lengua (Coyle, 2015). En el caso de nuestros estudiantes universitarios, usamos como referencia la Taxonomía de Bloom (1956) revisada por Anderson y Krathwohl (2001) para asegurarnos de que planificamos tareas que favorecen el desarrollo de las habilidades de pensamiento de orden superior – High Order Thinking Skills (HOTS).

Comunicación se refiere no solo al aprendizaje de la lengua, sino también al uso de la lengua para el aprendizaje. El Tríptico de la lengua (Coyle, 2015), según el cual existen tres tipos de lengua en el aula AICLE, diferencia entre:

- la lengua del aprendizaje: expresiones clave, léxico, la lengua específica al contenido que se trabaja;

- la lengua para el aprendizaje: es la lengua necesaria para completar las tareas, ya sea expresar una opinión, mostrar acuerdo o desacuerdo, desarrollar un argumento…;

- la lengua a través del aprendizaje: es la lengua que surge a nivel individual durante el desarrollo de las tareas, conforme el aprendiente va articulando su entendimiento de los conceptos.

Especialmente importante para nosotros, teniendo en cuenta varios estudios que indican el escaso desarrollo del discurso académico en los estudiantes AICLE (Dalton-Puffer, 2013, Vollmer, 2008), es la planificación de tareas que faciliten el tránsito del lenguaje comunicativo básico – Basic Interpersonal Communicative Skills (BICS) –, que los estudiantes habrán comenzado a desarrollar en previas clases de lengua, al lenguaje académico – Cognitive Academic Language Proficiency (CALP) (Cummins, 2008). Es decir, que los estudiantes no solo consoliden su fluidez conversacional, sino también su competencia en el discurso académico. Volviendo a la idea de Coyle, que rechaza la tradicional cronología gramatical en la programación del contenido lingüístico, debemos proporcionar a los estudiantes la lengua que sea necesaria para poder acceder al contenido que están trabajando y articular los procesos cognitivos que son apropiados a su edad y al contexto universitario.

Finalmente, llegamos a la 'C' de **cultura**, que en AICLE se relaciona directamente con la competencia intercultural, la capacidad de poner en relación diferentes contextos y poder desempeñar la función de mediador entre ellos. Mediante la exposición a perspectivas variadas y conocimientos compartidos el estudiante se hace más consciente del otro y de sí mismo. A través del aprendizaje de contenido en una segunda lengua, el estudiante no solamente accede a la cultura de las sociedades donde se habla esa lengua sino también a la cultura académica asociada a una materia o disciplina específica (Coyle, 2015).

3.2. Funciones cognitivas del discurso

A pesar de que el marco de las 4 Cs continúa ofreciendo una base sólida para diseñar y programar secuencias y tareas, existe el riesgo de considerar cualquiera de los cuatro principios de forma independiente, o de centrarnos exclusivamente en alguno de ellos, cuando es fundamental que los consideremos de forma integrada. Las últimas propuestas en el marco de AICLE pueden ayudarnos a resolver esta cuestión. Por ejemplo, las Funciones Cognitivas del Discurso (FCD) propuestas por Dalton-Puffer (2013, p. 235) están expresamente formuladas para establecer una zona de convergencia entre la pedagogía del contenido y de la lengua (Tabla 2).

Tabla 2. Funciones cognitivas del discurso traducido y adaptado de Dalton-Puffer, 2013, p. 235)

CLASIFICAR	Clasificar, comparar, contrastar, relacionar, estructurar, categorizar
DEFINIR	Definir, identificar, caracterizar
DESCRIBIR	Describir, calificar, identificar, nombrar, especificar
EVALUAR	Evaluar, juzgar, argumentar, justificar, adoptar un punto de vista, criticar, recomendar, comentar, reflexionar, apreciar

EXPLICAR	Explicar, razonar, expresar causa-efecto, sacar conclusiones, deducir
EXPLORAR	Explorar, hacer hipótesis, especular, predecir, estimar, simular, adoptar otras perspectivas
INFORMAR	Informar, relatar, narrar, presentar, resumir

Estas funciones se refieren a la habilidad del estudiante para expresar complejos procesos mentales (HOTS) a través de la lengua apropiada (CALP) al contexto cultural, que incluye, por supuesto, el específico de la disciplina. Por lo tanto, planificar tareas teniendo en cuenta las FCD nos permite alejarnos de la cronología gramatical sin perder de vista el componente lingüístico, al tiempo que nos acerca a la literacidad específica de la disciplina.

4. Aplicación didáctica

Esta aplicación didáctica se enmarca en una asignatura optativa de historia contemporánea de España para estudiantes del Grado en Estudios Hispánicos. El nivel de competencia lingüística de estos estudiantes es B2 MCER. Esta asignatura se compone de 3 bloques de práctica docente: 10 clases magistrales, 10 seminarios, ambos bloques impartidos en inglés, y un tercero de 10 'talleres' impartidos en español. El objetivo de estos talleres es profundizar en el conocimiento histórico y desarrollar las destrezas lingüísticas del alumno. Para ello, en estos talleres se introduce una serie de textos, bien orales o escritos, a menudo del periodo en cuestión, es decir, fuentes primarias. A los estudiantes se les pide que contesten una serie de preguntas de comprensión, oral o lectora, sobre dichos textos que se responderán y comentarán en clase.

Este tipo de enfoque se enfrenta a varios retos: por un lado, los profesores de historia que facilitan estas sesiones se encuentran con una escasa participación por parte del estudiante; por otro lado, el alumnado percibe la preparación previa para estas clases, donde se estudian fuentes primarias, y la participación en las mismas como una tarea compleja y prácticamente irrealizable, ya que siente que su competencia lingüística no es la adecuada ante tal empresa. Así, esta práctica didáctica palia de alguna manera estos problemas.

Capítulo 1

Nuestra intervención tiene lugar en el segundo semestre. Estamos ante el sexto taller del módulo, que trata sobre el Bienio Reformista (1931-1933) de la Segunda República. Con el objetivo de gestionar los recursos y de que intervenciones como la que presentamos no supongan un aumento de las horas de docencia, hacemos uso de un enfoque pedagógico que, además, trae consigo una serie de ventajas: la clase invertida.

A través de la plataforma educativa virtual que nos ofrece la universidad, ponemos a disposición del estudiante una variedad de input auténtico (contribuyendo así al desarrollo de la competencia intercultural) en formato multimodal (videos, podcasts, mapas, gráficos, artículos de prensa), lo que no solo apela a diferentes estilos de aprendizaje, sino que también facilita un conocimiento más profundo de la materia. Por medio de aplicaciones como Quizlet, el estudiante completa tareas facilitadoras que fomentan el trabajo autónomo y proporcionan el andamiaje necesario para acceder al input. Primero se trabaja el léxico específico de la fuente primaria en cuestión (lengua del aprendizaje); en segundo lugar el alumno se enfrenta con la fuente primaria en forma de vídeo con imágenes de este periodo histórico acompañadas de una voz en off que narra lo acaecido; a continuación, en las actividades 3, 4 y 5 se pide al alumno que identifique a los diferentes personajes históricos y los relacione con el rol que despeñaron en estos dos años, que defina los diferentes partidos políticos y sindicatos existentes en este periodo, que construya una línea del tiempo relacionando fechas con sus acontecimientos y que conteste a unas preguntas como ejercicio de comprensión oral. Para completar estas actividades el aprendiente hace uso de las FCD, ya que en las actividades 1, 3 y 5, por ejemplo, activa las funciones de *clasificar* y *definir*, en la 3 la de *definir* y en la 6 las de *describir, definir y explicar*, a la vez que activa las HOTS, animándolo a investigar y evaluar la nueva información, a utilizarla para desarrollar algo nuevo en el aula al realizar la actividad final (Anexo 1).

Tras completar cada una de estas actividades el estudiante tiene acceso a *retroalimentación* con las soluciones y respuestas, además de tener disponible la grabación de la clase magistral.

Por último, ya en el aula, tiene lugar el pleno en el ayuntamiento del pueblo. Esta situación va acompañada de una lista de personajes ficticios. Se repartirán los roles entre los estudiantes. El reparto es negociado por los mismos estudiantes bajo la supervisión del profesor a través de un foro de discusión dentro de la plataforma virtual.

El día en el que la actividad se lleve a cabo los alumnos ya se habrán preparado sus papeles con la información de la clase magistral y el seminario además de los textos recomendados por el profesor. Se anima a los estudiantes a documentarse con cualquier otra información relevante al tema que ellos hayan encontrado. El tiempo en el aula puede ser utilizado para realizar tareas (diseñadas teniendo en cuenta las FCD adecuadas a la materia) que requieran la interacción y comunicación real entre los estudiantes. Si les proporcionamos el andamiaje necesario (la lengua de y para el aprendizaje) podrán articular su conocimiento produciendo un output apropiado a la lengua académica. Esta producción en clase también proporciona la oportunidad de recibir retroalimentación por parte de los compañeros y del profesor, un elemento clave si consideramos que el tratamiento sistemático y profesional del error es crucial para el aprendizaje.

Al estudiante también se le facilitan los enlaces a una serie de recursos para desarrollar las destrezas conversacionales ya estudiadas previamente en la asignatura de Español Lengua Extranjera.

5. Análisis de resultados

Una vez realizada la intervención se envió un cuestionario (Anexo 2) por correo electrónico a los 40 alumnos matriculados en esta asignatura, de los cuales tan solo 8 lo completaron, permitiéndonos llegar a las siguientes conclusiones.

La mayoría están de acuerdo o totalmente de acuerdo con que una vez completada la actividad 1 pueden identificar y comprender con más facilidad el léxico que aparece en el vídeo (actividad 2), que al haber identificado este vocabulario su comprensión general del tema ha mejorado y que han conseguido ponerlo en práctica durante el taller. De la misma manera, al completar las actividades 3, 4 y 5, la mayoría de participantes tienen una mejor comprensión del papel que tienen los diferentes personajes históricos, partidos políticos y sindicatos durante la Segunda República, además de tener una idea más clara sobre los acontecimientos de este periodo. Igualmente, para la mayoría de los que han rellenado el cuestionario ha resultado más fácil contestar a las preguntas de comprensión sobre el vídeo (actividad 6). Finalmente, aunque la mayoría encuentra que la interacción en clase ha aumentado como resultado de haber completado las actividades y que, gracias a su asistencia y participación en el taller, sus destrezas lingüísticas y su conocimiento de este periodo de la historia de España han mejorado, sin embargo, la mitad de los participantes no se siente más seguro cuando habla del tema en cuestión delante de sus compañeros de clase (Anexo 3).

6. Conclusión

Podemos concluir que, pese a las limitaciones relacionadas con el número de respuestas recibidas, la percepción de los estudiantes respecto al uso de la metodología propuesta es positiva. En consulta informal con el docente encargado de impartir estos talleres, se nos comunicó también un aumento notable en la participación de los estudiantes, el cual atribuimos al andamiaje que se les proporcionó en la secuencia de actividades realizada antes de asistir al taller. Este andamiaje, no sólo facilitó el acceso de los estudiantes a los contenidos lingüísticos e históricos presentados en los materiales, sino que también apoyó la producción oral de los estudiantes durante el taller, al proporcionarles el léxico específico al tema de estudio y a la tarea que debían realizar. Asimismo, consideramos que la mayor participación de los estudiantes está directamente relacionada con el diseño de la tarea que se llevó a cabo en clase, una simulación con asignación previa de roles. Esta tarea permitía al estudiante la preparación fuera de clase, al tiempo que requería la interacción entre los participantes para poder completarla con éxito.

7. Apéndices

Anexo 1. Actividades preparatorias para el taller *La Segunda República*. https://research-publishing.box.com/s/x1gvzdctbvcibs06ea1864i97wve14th

Anexo 2. Cuestionario *La Segunda República*. https://research-publishing.box.com/s/da2otwu8jr2ug1uum7veupqr57n2fqe0

Anexo 3. Gráfico: resultados del cuestionario. https://research-publishing.box.com/s/nijngfwpwyg50npozn4fon8r6x21thqq

Referencias

Anderson, L. W., & Krathwohl, D. R. (2001). (Eds). *A taxonomy for learning, teaching and assessing: a revision of Bloom's taxonomy of educational objectives*. Longman

Bergmann, J., Overmyer, J., & Willie, B. (2011, July 9). The flipped class: myths vs reality. *The Daily Riff*. http://www.thedailyriff.com/articles/the-flipped-class-conversation-689.php

Bloom, B. S. (1956). *Taxonomy of educational objectives: the classification of educational goals*. Cognitive domain.

Busse, V., & Walter, C. (2013). Foreign language learning motivation in higher education: a longitudinal study of motivational changes and their causes. *Modern Language Journal, 97*(2). 435-456. https://doi.org/10.1111/j.1540-4781.2013.12004.x

Coyle, D. (1999). Theory and planning for effective classrooms: supporting students in content and language integrated learning contexts. In J. Masih (Ed.), Learning through a foreign language. CILT.

Coyle, D. (2015). Strengthening integrated learning: towards a new era for pluriliteracies and intercultural learning. *Latin American Journal of Content and Language integrated Learning, 8*(2), 84-103. https://doi.org/10.5294/laclil.2015.8.2.2

Cummins, J. (2008). BICS and CALP: empirical and theoretical status of the distinction. In B. Street & N. H. Hornberger (Eds), *Encyclopedia of language and education* (2nd ed., vol. 2: Literacy) (pp. 71-83). Springer Science + Business Media LLC.

Dalton-Puffer, C. (2013). A construct of cognitive discourse functions for conceptualizing content-language integration in CLIL and multilingual education. *European Journal of Applied Linguistics, 1*(2), 216-253. https://doi.org/10.1515/eujal-2013-0011

Davison, C., & Williams, A. (2001). Integrating language and content: unresolved issues. In B. Mohan, C. Leung & C. Davison (Eds), *English as a second language in the mainstream: teaching, learning and identity* (pp. 51-70). Longman Pearson Education.

Gieve, S., & Cunico, S. (2012). Language and content in the modern foreign languages degree: a students' perspective. *The Language Learning Journal, 40*(3), 273-91. https://doi.org/10.1080/09571736.2011.639459

Hutchings, S., & Matras, Y. (2017, June 26). Modern languages: four reforms to reclaim the future of our discipline. *Times Higher Education*.

Mehisto, P. (2012). Criteria for producing CLIL learning material. *Encuentro Journal, 21*, 15-33. https://files.eric.ed.gov/fulltext/ED539729.pdf

Vollmer, H. J. (2008). Constructing tasks for content and language integrated learning and assessment. In J. Eckerth & S. Siekmann (Eds), *Task-based language learning and teaching theoretical, methodological, and pedagogical perspectives* (pp. 227-229). Peter Lang.

2 La correlación de tiempos en subjuntivo: el caso del periodismo escrito argentino y la interpretación de la discordancia temporal

María Marta García Negroni[1]

Resumen

Es sabido que el subjuntivo plantea serias dificultades para los estudiantes de español como lengua extranjera, sobre todo para aquellos que no poseen este modo en su lengua materna. Pero la complejidad del subjuntivo no se limita a los contextos en que puede aparecer. También se manifiesta en la cuestión de la concordancia temporal en oraciones subordinadas completivas en al menos algunas variedades regionales del español. En este trabajo, se considera el caso de la variedad argentina y se analizan empleos del presente de subjuntivo en contextos en los que, de acuerdo con las reglas de la concordancia temporal, debería haber aparecido el imperfecto. En un corpus constituido por textos periodísticos argentinos recientes, el análisis pone en evidencia que, en estos casos, el empleo discordante del presente de subjuntivo se interpreta como la huella del locutor, que muestra su posicionamiento subjetivo respecto del evento denotado por el verbo subordinado.

Palabras clave: discordancia temporal, subjuntivo, presente, imperfecto, subjetividad.

---

1. Universidad de San Andrés, Buenos Aires, Argentina / Consejo Nacional de Investigaciones Científicas y Técnica, Buenos Aires, Argentina; mgarcianegroni@udesa.edu.ar; https://orcid.org/0000-0001-7204-6575

Para citar este capítulo: García Negroni, M. M. (2020). La correlación de tiempos en subjuntivo: el caso del periodismo escrito argentino y la interpretación de la discordancia temporal. En A. Lallana, L. Hernández Martín y M. Fuertes Gutiérrez (Eds), *Five years of ELEUK conferences: a selection of short papers from 2019* (pp. 19-29). Research-publishing.net. https://doi.org/10.14705/rpnet.2020.41.1072

Capítulo 2

1. Introducción

Como señala la *Nueva gramática de la lengua española*, el modo constituye una de las manifestaciones de la modalidad. Se trata de una categoría flexiva del verbo cuyo rasgo característico es "informar sobre la actitud del hablante ante la información suministrada y, en particular, sobre el punto de vista que este sostiene en relación con el contenido de lo que se presenta o se describe" (RAE/ASALE, 2009, p. 1866).

Entre los modos que, en general, se distinguen en la tradición gramatical, el subjuntivo plantea – es bien sabido – serias dificultades para los estudiantes de español como lengua extranjera, sobre todo para aquellos que no poseen ese modo en su lengua materna. Pero la complejidad del subjuntivo no se limita a los contextos en que puede aparecer. También se manifiesta en la cuestión de la concordancia temporal en oraciones subordinadas completivas en al menos algunas variedades del español.

En este artículo, y centrándome en el caso de la variedad argentina, buscaré explicar ciertos empleos del presente de subjuntivo en contextos en los que, de acuerdo con las reglas de la *consecutio temporum*, debería haber aparecido el imperfecto. Se trata de un fenómeno cada vez más extendido en la lengua oral y que paulatinamente va pasando a la lengua escrita culta[2]. A modo de ejemplo pueden considerarse (1) a (3): (1) constituye un fragmento de una entrevista oral; (2), un texto escrito (un zócalo televisivo) que reproduce la lengua oral; (3), un texto publicado en la prensa escrita.

(1) Me pasaba horas esperando que *salga* el ministro o quien sea, un sindicalista: eso lo hice durante 4 años (entrevista oral).

(2) Maduro tenía un avión listo para irse a Cuba y los rusos le dijeron que no *se vaya* (zócalo televisivo).

---

2. El mismo fenómeno ha sido registrado en el habla espontánea de Perú, Ecuador y Bolivia (Sessarego, 2008) así como en la prensa escrita peruana y ecuatoriana (Arrizabalaga Lizarraga, 2009; Villagómez, 2017).

(3) Aunque en anteriores ocasiones pidió que *se haga* una videoconferencia desde la cárcel de Marcos Paz, esta vez el exfuncionario fue trasladado a los tribunales de Comodoro Py (*La Nación*, 9/3/19).

A continuación, tras recordar las reglas que rigen la correlación de tiempos en las subordinadas en subjuntivo (cf. §2), me detendré en los casos en los que la no adecuación a la *consecutio* no puede ser caracterizada como un caso de doble dependencia temporal. Basado en un corpus constituido por textos periodísticos publicados durante 2019 en diarios de circulación nacional en Argentina, el análisis buscará poner en evidencia que, en los casos como el ejemplificado en (3), el empleo discordante del presente de subjuntivo no puede interpretarse como deíctico, sino como la huella del locutor, que muestra su posicionamiento subjetivo respecto del evento denotado por el verbo subordinado (cf. §3). Finalmente, en (§4), se presentan algunas conclusiones.

2. Acerca de las subordinadas en subjuntivo

2.1. Las reglas de la correlación de tiempos

Según la bibliografía especializada, el subjuntivo aparece de forma destacada en una serie de contextos modales o modalizados que suelen llamarse no factuales (i.e. no reales, no verificados o no experimentados). En efecto, el subjuntivo es el modo que aparece en enunciados que transmiten deseo, duda, valoración, hipótesis, probabilidad. Sin embargo, y tal como señala la RAE/ASALE (2009), en algunos casos, hechos considerados reales pueden presentarse en subjuntivo. Así, por ejemplo, en (4) y (5), los contenidos presupuestos *Juan se portó así* y *Juan vino*, que aparecen en subjuntivo, se interpretan como reales y no como hipotéticos. Es por ello que las academias prefieren definir el subjuntivo por su naturaleza no asertiva.

(4) No me gusta que Juan *se porte* así.

(5) Lamento que Juan *haya venido*.

Pero la dificultad del subjuntivo no se limita a los contextos en los que puede aparecer. Su complejidad también se manifiesta en la correlación temporal y ello, probablemente, como consecuencia de que en subjuntivo existen menos distinciones temporales que en indicativo: frente a los 9 tiempos del indicativo, en subjuntivo solo existen el presente, el perfecto, el imperfecto y el pluscuamperfecto.

En tanto expresiones deícticas, los tiempos verbales se miden tomando como punto de anclaje ya el presente de la enunciación (T_0), ya algún otro punto temporal interpretado desde T_0. Esta doble propiedad se manifiesta en los contextos de subordinación, en los que queda establecida una correlación temporal entre el verbo principal (V_1) y el verbo subordinado (V_2): V_1 impone sus propias coordenadas temporales a V_2. En otras palabras, la correlación temporal "se debe a que los contextos de subordinación inhiben o dejan en suspenso el rasgo más característico de los tiempos simples: su vínculo deíctico con el momento del habla" (RAE/ASALE, 2009, p. 1841).

En el caso del subjuntivo, las reglas de la correlación de tiempos establecen que si V_2 depende de un V_1 en presente, solo el presente y el pretérito perfecto son posibles. El presente permite indicar simultaneidad o posterioridad con respecto a V_1, mientras que el pretérito perfecto señala anterioridad con respecto a él. Si V_2 depende, en cambio, de un V_1 en pasado, los tiempos posibles son el imperfecto y el pluscuamperfecto. Una vez más, un único tiempo (en este caso, el imperfecto) permite indicar tanto la simultaneidad como la posterioridad respecto de V_1, mientras que la anterioridad queda señalada mediante el pluscuamperfecto.

En general, la prensa escrita argentina respeta estas correlaciones temporales: para indicar simultaneidad o posterioridad en relación con un V_1 en pasado, recurre normalmente al imperfecto en V_2.

$V_{1[+\text{pasado}]} V_{2[+\text{pasado: imperfecto de subjuntivo}]}$

(6) Por eso los dichos de Lousteau provocaron que el presidente y su Jefe de Gabinete *se reunieran* con él (*Clarín*, 3/3/19).

(7) Para favorecer al MPN, algunos especularon con la posibilidad de que Quiroga *bajara* su candidatura (*Clarín*, 3/3/19).

(8) "...", reveló el alto prelado ayer en un comunicado en el que también hizo saber que Francisco le dejó la libertad para que *tomara* la mejor decisión para la diócesis de Lyon (*La Nación*, 20/3/19).

(9) La expresidente dijo que su hija le pidió que *exhibiera* públicamente el informe médico sobre su estado de salud (*La Nación*, 22/3/19).

2.2. La interpretación de doble acceso

Sin embargo, otras configuraciones son también frecuentes. Me refiero a aquellas – ya identificadas por Kany (1945/1969) y Gili Gaya (1973) – en las que V_2, en presente, aparece subordinado a un V_1 en pasado, como ocurre, por ejemplo en (10):

$V_{1\,[+\text{pasado}]} \, V_{2\,[-\text{pasado: presente de subjuntivo}]}$

(10) Rosenkrantz también señaló la necesidad de que los jueces *tomen* distancia del poder y *fallen* a partir de los principios del derecho (*La Nación*, 20/3/19).

Se trata aquí de lo que las gramáticas llaman habitualmente interpretación de doble acceso (Rojo, 1976; Suñer y Padilla Rivera, 1990; Carrasco Gutiérrez, 1999; RAE/ASALE, 2009). En estos casos, V_2 muestra una doble dependencia temporal: orientado desde el momento de la enunciación o T_0, V_2 también está en relación con el tiempo expresado en V_1. En otras palabras, el presente en V_2 indica que la situación de la que se trata (en (10), *tomar distancia del poder* y *fallar a partir de los principios del derecho*) se halla vigente en T_0 (el momento de la enunciación periodística), y también cuando fue comunicada en T_{-1} por Rosenkrantz. Dicho de otro modo, a diferencia de (11),

> (11) Rosenkrantz también <u>señaló la necesidad de que</u> los jueces *tomaran* distancia del poder y *fallaran* a partir de los principios del derecho (*La Nación*, 20/3/19).

en el que el evento denotado por V_2 (en imperfecto) es interpretado como posterior a V_1 y, al mismo tiempo, como anterior, simultáneo o posterior con respecto a T_0.

$V_{1\,[+pasado]}\,V_{2\,[+pasado:\ imperfecto\ de\ subjuntivo]}$

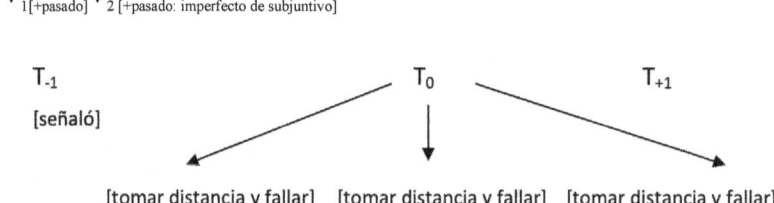

en (10), en el que V_2 aparece en presente, el evento denotado siempre es interpretado como posterior a T_0.

$V_{1\,[+pasado]}\,V_{2\,[-pasado:\ presente\ de\ subjuntivo]}$

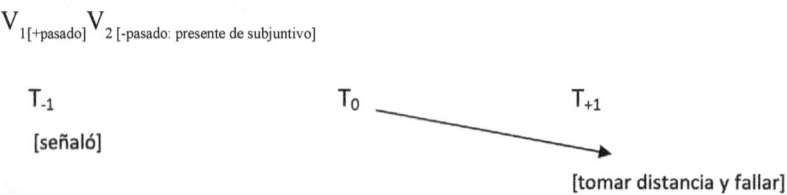

Como afirman Suñer y Padilla Rivera (1990),

> "la sucesión [+pasado... -pasado] es significativa y no es equivalente a [+pasado ...+pasado]. Por tanto, las formas del subjuntivo tienen un

valor temporal propio (o sea, tienen tiempo) como muestra su relevancia para el MH [momento del habla]" (p. 197).

El doble acceso resulta habitual con verbos directivos, como *señalar la necesidad* (10) o *pedir* (12), pero también en oraciones finales (13), o en oraciones adjetivas (14). En todos estos casos, el presente en V_2 denota un evento posterior a T_0 y, por lo tanto, también a V_1.

(12) Stornelli pidió que *se postergue* su indagatoria. El fiscal fue citado por tercera vez por Ramos Padilla, quien no resolvió la petición (*La Nación*, 22/3/19).

(13) Gugino explicó que presentaron un escrito para que les *den* acceso a la declaración de Manzanares. "No sabemos a ciencia cierta lo que dijo", afirmó (*La Nación*, 22/3/19).

(14) [...] desde que el líder al Asamblea Nacional, comenzó a movilizarse en busca de apoyos que *ayuden* a terminar con el régimen chavista (*La Nación*, 22/3/19).

Ahora bien, la configuración $V_{1[+pasado]} V_{2[-pasado]}$ no solo se da en la interpretación de doble acceso, como (10) o (12)-(14). El empleo del presente en V_2 en casos en los que el evento denotado no puede ser interpretado como posterior a T_0 es cada vez más frecuente en la lengua oral espontánea de la variedad argentina y ya comienza a aparecer también en la lengua escrita culta. En el próximo apartado, se analizan precisamente este tipo de casos en los que, en lugar del imperfecto, aparece el presente sin doble dependencia temporal.

2.3. La configuración $V_{1[+pasado]}$ $V_{2[-pasado]}$ sin interpretación de doble acceso

Considérense los siguientes ejemplos, en los que, subordinados a verbos de influencia (15, 16) o incluidos en subordinadas finales (17) o temporales (18), los V_2, en presente, no habilitan la interpretación de doble acceso:

(15) "Estábamos en el cine, se interrumpió la película y personal del shopping nos <u>pidió</u> que *abandonemos* el lugar", relató Andrés Piccione (*Clarín*, 09/03/19).

(16) La prueba se conoció mientras el juez federal de Dolores, Alejo Ramos Padilla, llamó a indagatoria a Stornelli para el jueves, pese a que su fiscal, Juan Pablo Curi, <u>pidió que</u> *se inhiba* de seguir actuando porque la causa es competencia de la justicia federal porteña en la medida en que la mayoría de los principales hechos ocurrieron en Buenos Aires (*Clarín* 3/3/19).

(17) Describió las operatorias que se hicieron <u>para que</u> el 'Grupo Muñoz' *adquiera* una farmacia que luego se transformó en una cadena con veintidós locales (*Clarín*, 24/2/19).

(18) El oficial Héctor Montenegro mató a su novia, Celeste Castillo, con su arma reglamentaria y se suicidó con un disparo en la cabeza. Fue <u>después de que</u> *tengan* una discusión (*Perfil*, 10/3/19).

En efecto, en ninguno de estos ejemplos, V_2 admite ser interpretado como un evento que todavía no tuvo lugar en T_0: en (15), Piccione ya abandonó el cine en el momento en el que está relatando lo que les pidió el personal del shopping; en (16), y tal como se deduce del hecho de que Stornelli ya fue llamado a indagatoria, el juez federal no cumplió con el pedido del fiscal Curi y siguió actuando en la causa; en (17), la adquisición de la farmacia de la que se habla ya ocurrió y, de hecho, se transformó en una cadena con veintidós locales; en (18), la discusión ocurrió claramente antes del femicidio de Castillo y del posterior suicidio de Montenegro. Y es que, como sostiene Laca (2018), en todos estos casos, el presente ha perdido su valor deíctico y ya no permite la interpretación según la cual la situación descripta en la subordinada es posterior a T_0.

Para explicar estos empleos discordantes del presente en el español hispanoamericano, algunos autores han propuesto la hipótesis de la reducción del paradigma verbal en subjuntivo, tal como ocurrió, por ejemplo, en francés (cf. Kany, 1945/1969; Rojo, 1976; Arrizabalaga Lizarraga, 2009, entre otros). Pero esta explicación choca con el hecho de que, a diferencia de lo que ocurre en francés, en español (tanto americano como peninsular), las formas del imperfecto siguen plenamente vigentes en otros contextos sintácticos. Tal el caso de las prótasis de las oraciones condicionales (19) o de su empleo como variante del condicional de modestia (20) o como alternante con valor estilístico del perfecto simple o del pluscuamperfecto (21).

(19) Si *pudiera*, te llevaría.

(20) *Pareciera* que va a llover.

(21) Juan vio al que *fuera* su rival en su juventud.

En suma, y si bien el cambio lingüístico que estamos presenciando muestra una paulatina desaparición del imperfecto de subjuntivo en favor del presente en ciertos contextos de subordinación, no considero que el empleo discordante del presente en la variedad argentina implique una reducción del paradigma del subjuntivo. Dicho empleo señala más bien que el debilitamiento de la naturaleza deíctica del presente (i.e. su ocurrencia ya no se vincula con la categoría del tiempo) se correlaciona con la mostración en T_0 del posicionamiento subjetivo del locutor frente al evento denotado por V_2. En otras palabras, la discordancia de la que se trata en casos como (15)-(18) permite expresar diferencias de sentido que ya no se relacionan con la medición del evento del verbo subordinado respecto de T_0 (i.e. no es futuro con respecto a él), sino con la subjetividad del locutor que, al actualizar en su enunciación dicho evento, muestra su posición respecto de él (lo juzga, lo vivifica, advierte acerca de él, etc.).

Así, en (15), el presente de *abandonemos* actualiza en T_0 los sentimientos de desesperación experimentados por el locutor en T_{-1}, es decir, cuando ocurrió el pedido de abandonar el lugar. En (16), la aparición de *se inhiba* renueva en el presente de la enunciación periodística el pedido de inhibición realizado por el fiscal Curi y, al hacerlo, queda en evidencia el posicionamiento del locutor frente a la actuación del juez: este debería haberse inhibido. En (17), *adquiera* recuerda en T_0 el delito cometido (la adquisición de una farmacia con dinero de la corrupción) y en ese recuerdo actualizado queda mostrada la actitud del locutor respecto de la necesidad del castigo que todavía no ocurrió. Finalmente, en (18) *fue después de que tengan una discusión* hace revivir en el presente de la enunciación periodística la discusión que llevó al femicidio y al posterior suicidio, al tiempo que alerta sobre las terribles derivaciones que pueden tener aparentes hechos banales.

3. Conclusión

En este trabajo, he tratado de dar cuenta de ciertos empleos del presente de subjuntivo en contextos en los que, según las reglas de la *consecutio temporum*, debería haber aparecido el imperfecto. Se trata de casos que no admiten la interpretación de doble acceso y que, muy frecuentes en la variedad argentina oral, ya han comenzado a pasar a la lengua escrita culta.

A lo largo de estas páginas, espero haber podido demostrar que, en estos casos, la configuración $V_{1[+\text{pasado}]}\ V_{2[-\text{pasado: presente de subjuntivo}]}$ ya no se correlaciona con la categoría de tiempo (V_2 en presente no indica que se trata de un evento posterior a T_0), sino con el posicionamiento subjetivo del locutor que, al actualizar en el momento de su enunciación (T_0) el evento denotado por V_2, muestra su actitud de aprobación, crítica, reproche, empatía, etc. respecto de él.

Referencias

Arrizabalaga Lizarraga, C. (2009). Imploraba que no lo maten. Reorganización de los tiempos del subjuntivo en español peruano. *Moenia, 15*, 295-311.

Carrasco Gutiérrez, Á. (1999). El tiempo verbal y la sintaxis oracional. La consecutio temporum. In I. Bosque & V. Demonte (Eds), *Gramática descriptiva de la lengua española* (pp. 3061-3128). Espasa.

Gili Gaya, S. (1973). *Curso superior de sintaxis española*. Bibliograf.

Kany, C. (1945/1969). *Sintaxis Hispanoamericana*. Editorial Gredos.

Laca, B. (2018). Algunas observaciones sobre el subjuntivo y el parámetro de la concordancia temporal. In I. Bosque, S. Costa & M. Malcuori (Eds), *Palabras en lluvia minuciosa: veinte visitas a la gramática del español inspiradas por Ángela Di Tullio* (pp. 221-236). Iberoamericana Vervuert. https://doi.org/10.31819/9783954877560-014

RAE/ASALE. (2009). *Nueva gramática de la lengua española*. Espasa.

Rojo, G. (1976). La correlación temporal. *Verba, Anuario Galego de Filoloxía, 3*, 65-89.

Sessarego, S. (2008). Spanish concordantia temporum: an old issue, new solutions. In M. Westmoreland & J.A. Thomas (Eds), *Proceedings of the 4th Workshop on Spanish Sociolinguistics* (pp. 91-99). Cascadilla Proceedings Project. https://www.researchgate.net/publication/242073780_Spanish_Concordantia_Temporum_An_Old_Issue_New_Solutions

Suñer, M., & Padilla Rivera, J. (1990). Concordancia temporal y subjuntivo. In I. Bosque (Ed.) *Indicativo y subjuntivo* (pp. 185-201). Taurus.

Villagómez, L. (2017). Particularidades del uso del pretérito imperfecto de dos medios de comunicación de circulación nacional en Ecuador: el comercio y el universo. *Puce, 104*, 383-408.

# 3 Regresamos al 'Aula de nunca jamás': liberar a Campanilla

M. Vicenta González Argüello[1] y Begoña Montmany Molina[2]

Resumen

El desarrollo profesional docente pasa por plantearse retos de actualización de conocimientos tanto sobre los contenidos de la materia impartida como sobre los conocimientos pedagógicos que se materialicen en propuestas metodológicas innovadoras que llevar a las aulas. Se espera, además, que dichas propuestas sean fruto de la reflexión sobre la práctica y que contribuyan a la formación docente continua. El objetivo de esta propuesta didáctica es fruto de esa necesidad de desarrollo profesional, específicamente de la necesidad de cambiar acciones didácticas para dar mayor protagonismo al alumno, de forma que el profesor asuma realmente el rol de guía en el proceso de enseñanza aprendizaje. Este taller pretende que los profesores asumamos el rol de nuestros alumnos para vivir una experiencia de enseñanza gamificada. A través de la aplicación de los elementos propios del juego a una situación de enseñanza revisaremos conceptos y aspectos metodológicos propios del aula de Español como Lengua Extranjera (ELE).

Palabras clave: desarrollo profesional; innovación didáctica; gamificación; práctica reflexiva.

---

1. Universidad de Barcelona, Barcelona, España; vicentagonzalez@ub.edu; https://orcid.org/0000-0002-5262-9500

2. International House Barcelona, Barcelona, España; bmontmany@bcn.ihes.com; https://orcid.org/0000-0001-7870-5383

Para citar este capítulo: González Argüello, M. V., & Montmany Molina, B. (2020). Regresamos al 'Aula de nunca jamás': liberar a Campanilla. En A. Lallana, L. Hernández Martín y M. Fuertes Gutiérrez (Eds), *Five years of ELEUK conferences: a selection of short papers from 2019* (pp. 31-40). Research-publishing.net. https://doi.org/10.14705/rpnet.2020.41.1073

Capítulo 3

1. Introducción

En estos momentos en que la sociedad demanda una actualización constante a todos los profesionales, la formación de profesores de ELE no es una excepción. Desde el año 2012 contamos con un documento de referencia – competencias clave del profesorado de lenguas segundas y extranjeras, Instituto Cervantes, 2012 – que nos puede servir de guía en nuestro proceso de actualización y de desarrollo profesional. De todas las competencias que presenta el documento, específicamente nos interesan las siguientes: (1) organizar situaciones de aprendizaje, (2) implicar a los alumnos en el control de su propio aprendizaje y (3) desarrollarse profesionalmente.

Igual que esperamos que nuestros alumnos sean cada vez más autónomos y desarrollen estrategias para aprender a aprender y poder continuar desarrollando su competencia comunicativa a lo largo de toda su vida, esperamos que los profesores de ELE en ejercicio también sean capaces de seguir formándose y desarrollando su competencia docente a lo largo de toda su vida profesional. Una forma de actualizarse en cuestiones relacionadas con la metodología didáctica es la exposición y experimentación de nuevas técnicas de enseñanza para que los docentes valoren de forma crítica la posibilidad de su incorporación en sus clases. Como consecuencia de esta reflexión sobre la práctica, el docente podrá incorporar nuevas técnicas y estrategias en su afán de mejorar las planificaciones de sus secuencias didácticas y la gestión del aula.

Así, para alcanzar este objetivo de actualización de cuestiones relacionadas con la metodología docente, la propuesta que presentamos en estas líneas puede dividirse en dos partes: en una primera parte, se ha llevado al aula una secuencia gamificada para que los profesores puedan experimentar algunos de los elementos que caracterizan esta técnica didáctica. Consideramos que la incorporación de nuevas técnicas didácticas necesita, además de formación teórica sobre las mismas, que el docente pueda experimentarlas previamente como alumno. En segundo lugar, nos hemos centrado en la reflexión sobre qué hay detrás de las diferentes actividades en el contexto de dicha secuencia didáctica con el fin de analizar de forma crítica sus posibles ventajas, ver de qué elementos está constituida la planificación, qué tipología de actividades se llevan a cabo, qué dinámicas se establecen entre el grupo de participantes y qué procesos cognitivos se espera que se activen con su realización.

Estas reflexiones conjuntas acerca de las prácticas realizadas en el aula pueden favorecer la toma de conciencia sobre la importancia del desarrollo de las competencias docentes.

2. La gamificación

Entendemos por gamificación la incorporación de elementos del juego en contextos no lúdicos (Deterding, Dixon, Khaled y Nacke, 2011). Es obvio que el juego siempre ha estado presente en las aulas de lenguas extranjeras, pero muchas veces como actividades marginales al inicio o al final de las clases con el objetivo de revisar contenidos o de crear un ambiente más distendido. En la actualidad, desde la gamificación, se percibe el juego como una técnica que puede convertirse en el eje vertebrador de una secuencia didáctica o incluso de un curso completo (Herrera, 2017).

Cuando se habla de la aplicación de dinámicas, mecánicas y componentes del juego en situaciones no específicas de juego, nos referimos a todo aquello que hace de las experiencias lúdicas situaciones que motivan al jugador a participar y que promueven su compromiso por alcanzar las metas fijadas por el juego. Todo ello es justo lo que el profesor se plantea en el proceso de planificación de sus clases: motivar al alumno hacia el aprendizaje y prolongar esta motivación hasta alcanzar los objetivos de aprendizaje; es por ello que consideramos que vale la pena especificar un poco más en los elementos que se incluyen en esta técnica didáctica.

Se consideran las dinámicas los aspectos más generales y más abstractos de la gamificación, los que están relacionadas con las sensaciones e inquietudes que promueven los juegos en los participantes, tales como el progreso que se consigue a lo largo de estos, las emociones que se generan en los participantes al ir superando los retos que se les plantean, las relaciones que se establecen entre ellos, la narrativa que hay detrás de la experiencia lúdica, etc. Alcanzar estas dinámicas depende de las mecánicas que consideremos poner en marcha en nuestra gamificación.

Las mecánicas son las acciones que incorporamos del juego, como por ejemplo los desafíos, la competición, la colaboración, las recompensas, los turnos, la suerte, etc., que hemos de prever en nuestra planificación, a modo de procesos que nuestros alumnos han de llevar a cabo, y materializar a través de acciones concretas en nuestra secuencia didáctica.

Por último, se han de considerar los componentes de la gamificación; este es el nivel más tangible de los tres propuestos. Son los elementos concretos que se incorporan de las experiencias lúdicas como los avatares, las insignias, los puntos, las tablas de clasificación, lo desbloqueos de contenidos, etc., y que permiten llevar a cabo procesos de enseñanza gamificados.

3. Propuesta didáctica: regresamos al 'Aula de nunca jamás'

Esta propuesta plantea tres objetivos diferenciados; por un lado, un objetivo general relacionado con los objetivos de enseñanza: presentar una revisión de los conceptos clave relacionados con la enseñanza de ELE para asegurarnos de que los profesores son capaces de considerarlos en la planificación de sus clases. Por otro lado, dos objetivos específicos relacionados con el desarrollo profesional docente. Uno está relacionado con la organización de situaciones de aprendizaje, con cuestiones metodológicas: mostrar una secuencia gamificada que pueda servir de ejemplo a los profesores interesados en esta técnica didáctica. Y el segundo objetivo específico de desarrollo profesional está relacionado a su vez con dos de las competencias clave mencionadas anteriormente (desarrollarse profesionalmente e implicar a los alumnos en su propio proceso de aprendizaje), todo ello con el fin de minimizar la presencia del profesor en el aula, dando mayor protagonismo a los participantes.

Para alcanzar dichos objetivos se planificó una secuencia didáctica cuya narrativa giraba en torno al rapto del personaje de Campanilla por parte del capitán Garfio, ambos pertenecientes a la película de Walt Disney (1953), basada en la obra de teatro de J. M. Barrie. Se decidió partir de una historia conocida para facilitar el reconocimientos de personajes, situaciones y localizaciones; además, para dotar de mayor coherencia a la narrativa se incorporaron al material de la secuencia didáctica imágenes alusivas. Los participantes en la secuencia debían ir superando diferentes retos para conseguir liberar a Campanilla. Estos retos se materializaron en actividades que se centraban en los conceptos objetivo de enseñanza.

En ningún momento, ni al inicio de la sesión ni durante su transcurso, se informó a los participantes de los objetivos específicos de la misma al considerar que estos se recogerían al finalizar a través de una actividad de reflexión conjunta.

3.1. Procedimiento

Como ya hemos dicho, la secuencia tenía como objetivo final liberar a Campanilla, y para ello los participantes debían emprender un viaje a la isla de Nunca Jamás. Para liberar a Campanilla era necesario descifrar una palabra clave que se formaba con letras obtenidas en las diferentes pruebas. Antes de iniciar el viaje, los participantes formaron equipos de trabajo y elaboraron su propio pasaporte que fueron sellando a medida que iban cubriendo las diferentes etapas del viaje. En cada una de las etapas del viaje cada equipo debía realizar una actividad de forma cooperativa y compitiendo con el resto de grupos. Solo los tres equipos que terminaran primero y de forma correcta su actividad recibirían una letra para componer la palabra clave que les permitiría liberar a campanilla y como consecuencia ganar un premio.

Cada equipo de trabajo tuvo que distribuir roles entre sus miembros (responsable del material, secretario, portavoz, negociador). El material se entregó a cada uno de los responsables de los equipos en un sobre cerrado, de modo que todos tuvieran acceso a las diferentes actividades al mismo tiempo. El secretario del grupo era el responsable de escribir en las fichas de trabajo; el portavoz, de revisar las actividades realizadas a través de la consulta de fichas ya resueltas; el negociador tenía como objetivo, al final de las actividades, negociar y asociarse, si lo creía conveniente, con otros equipos para conseguir las letras que le faltaban.

3.2. La secuencia didáctica

Presentamos a continuación la secuencia didáctica gamificada tal como se implementó en el aula (Tabla 1).

Tabla 1. Resumen de la secuencia didáctica

Actividad	Objetivo	Procedimiento
1. El pasaporte	Formación de equipos y cohesión de grupo	Los alumnos se agrupan según tarjetas de personajes de Peter Pan y buscan un nombre para su grupo.
2. El reino de las hadas: quién es quién	Activar marcos de conocimientos en relación con los conceptos clave del enfoque comunicativo a través de sus autores	Relacionar fotografías de Chomsky (1988), Hymes (1995), Vygotsky (1978), entre otros, con sus respectivos nombres.
3. El árbol del ahorcado: dictado en carreras	Comprensión lectora para apropiarse de los conceptos	Dictado, a modo de relevos, con los conceptos clave de los autores anteriores – competencia comunicativa (Hymes, 1995), zona de desarrollo próximo (Vygotsky, 1978), etc.).
4. Jungla de Nunca Jamás: línea del tiempo	Comprensión lectora: búsqueda, ampliación y selección de información, a través del uso de las TIC.	Los participantes buscan información en sus dispositivos móviles para ordenar cronológicamente los conceptos presentados en el dictado.
5. Laguna de las sirenas: el Tabú	Comprensión lectora, expresión escrita, expresión y comprensión oral.	Cada grupo piensa en un concepto de los manejados hasta ese momento y elabora una tarjeta para jugar al Tabú para competir contra el resto de grupos.
6. La isla del pirata: relaciona	Revisión y análisis de las actividades llevadas a cabo a partir de la Taxonomía de Bloom (1956).	Relacionar las actividades llevadas a cabo a lo largo de la sesión con los procesos cognitivos implicados y ordenarlos de mayor a menor complejidad, por ejemplo leer durante el dictado es menos complejo que crear la tarjeta del Tabú.

3.3. Propuesta de reflexión sobre la secuencia didáctica gamificada

Tal como se ha presentado en el apartado anterior, la secuencia gamificada centrada en la revisión de conceptos clave consta de seis actividades, pero a esta secuencia hay que añadir una actividad más que tenía como objetivo la reflexión conjunta sobre los siguientes aspectos:

- revisar la secuencia con el fin de extraer qué acciones han llevado a cabo los participantes (como alumnos) y qué objetivo pedagógico había detrás de cada actividad (revisión de la planificación de la secuencia didáctica implementada en el aula);

- extraer a partir de la reflexión sobre la práctica en el aula las características principales de la gamificación (elementos de la gamificación incluidos en la secuencia didáctica);

- revisar cuáles fueron las acciones llevadas a cabo por el profesor y qué acciones llevaron a cabo los alumnos (especificar los roles adoptados por el profesor y los participantes durante la sesión).

Esta reflexión conjunta es la que nos aproxima a los objetivos específicos propuestos en la planificación de esta secuencia. Así, los participantes pudieron tomar conciencia de que si bien todos usamos juegos en clase, estos pueden pasar a ser el eje que estructure la planificación de una secuencia didáctica completa. También pudieron experimentar cómo habían trabajado en equipos colaborativos para poder competir con el resto de compañeros y así intentar ser los primeros, ganar y obtener las letras que necesitaban para formar la palabra clave que les permitiría liberar a Campanilla. Además, también fueron conscientes de que en algunos casos, hasta dar con la respuesta correcta, habían llegado a realizar varias veces la misma actividad, buscando nueva información, introduciendo cambios (tal como sucede en los juegos) sin que ello les desmotivara hacia el contenido de la actividad. De este modo pudieron tener una primera aproximación a las técnicas de la gamificación que les podría motivar a seguir indagando por su cuenta.

Capítulo 3

Por último, se tomó conciencia de cuál había sido el rol adoptado por el profesor, de su tiempo de habla, de cómo se había proporcionado el *feedback* a los participantes, de quién había llevado el control sobre el estado de los puntos conseguidos, etc. En la sesión, el profesor se limitó a administrar el material que ya llevaba preparado, a dar las instrucciones básicas para asegurarse de que conocían los procedimientos de las actividades propuestas y a dar ayuda en caso de que fuera necesario, así consiguió minimizar su presencia para aumentar la de los participantes. A los participantes se les cedió el rol de protagonistas desde el inicio de la sesión, ellos fueron los que se apropiaron del input, lo compartieron y lo ampliaron cuando lo consideraron necesario, pudieron revisar y mejorar las actividades completadas hasta conseguir una versión correcta, colaboraron entre ellos para asegurarse de que todos conocían la tipología de actividades, llevaron el control sobre el progreso y pudieron negociar para establecer los posibles ganadores.

4. Conclusión

Llegados a este punto, podemos afirmar que los objetivos del taller se cumplieron, aunque no todos en el mismo grado. Consideramos que el objetivo general (presentar una revisión de los conceptos clave relacionados con la enseñanza de ELE para asegurarnos de que los profesores son capaces de considerarlos en la planificación de sus clases) se llevó a cabo en parte. Los participantes llegaron a leer un mínimo de tres veces los conceptos clave propuestos, cada vez con diferentes objetivos y a través de diferentes actividades, lo que les permitió familiarizarse con los mismos, manipularlos y apropiarse de ellos de forma amena. Lo que no podremos llegar a saber es hasta qué punto esos conceptos serán considerados en sus prácticas docentes.

En relación con los objetivos específicos (mostrar una secuencia gamificada que pueda servir de ejemplo a los profesores interesados en esta técnica didáctica y minimizar la presencia del profesor en el aula, dando mayor protagonismo a los alumnos) podemos afirmar que se cumplieron. En relación a las dinámicas, mecánicas y componentes de la gamificación que se activaron en esta secuencia, puede afirmarse que los participantes estuvieron implicados durante el desarrollo de la misma, con curiosidad por ver cómo progresaba la narrativa y las actividades propuestas y con una alta cohesión entre los equipos de trabajo creados; como consecuencia las restricciones de tiempo y de conseguir puntos propiciaron una alta motivación entre los miembros de todos los equipos. En relación a las mecánicas, todos los alumnos cooperaron en sus grupos de trabajo, compitieron con el resto de grupos, aceptaron los desafíos propuestos y la retroalimentación recibida a cada una de las actividades. Para finalizar la propuesta didáctica, de la amplia posibilidad de componentes se incorporaron avatares, logros, equipos, puntos (en forma de letras por cada una de las pruebas superadas con éxito para poder conseguir la palabra clave que les permitiría liberar a Campanilla) y regalos.

Los profesores experimentaron como alumnos una secuencia gamificada, siguiendo una narrativa familiar, realizando actividades que les resultaron motivadoras, comprobaron que se puede mantener un equilibrio entre cooperación y competición en el aula, trabajaron unos contenidos necesarios para su desarrollo profesional. También, el profesor pudo minimizar su presencia en el aula: los participantes tuvieron acceso al *input* objeto de enseñanza de forma autónoma y lúdica (actividad 3), cada equipo amplió la información que necesitaba a través de sus dispositivos móviles para completar las actividades 2 y 4. Además, cada grupo pudo releer el material y seleccionar el concepto que más le interesaba para preparar actividades de expresión oral para el resto de equipos (actividad 5). El responsable de cada equipo pudo obtener la retroalimentación de cada una de las actividades que ya estaba preparada previamente en la mesa del profesor y distribuirla entre los miembros de su grupo. La realización con éxito de las actividades fue posible gracias a la preparación previa del taller por parte del profesor que permitió que durante su implementación su presencia se limitara a acciones muy específicas (administrar el material y monitorear las actividades) mientras los alumnos asumieron mayor protagonismo (manipular el *input*, ampliar información, gestionar el *feedback* y la evaluación).

Aun teniendo en cuenta la alta consecución de los objetivos propuestos, somos conscientes de que llevar a cabo propuestas de innovación que aúnen objetivos de desarrollo profesional y metodológicos centrados en una sola sesión didáctica como un taller no es una tarea fácil. Es el momento de continuar trabajando con el objetivo de ver la viabilidad de poder ampliar este tipo de propuestas a cursos de lenguas completos o a asignaturas en el contexto de la formación de profesores.

Referencias

Bloom, B. S. (1956). (Ed.). *Taxonomy of educational objectives: book 1 cognitive domain*. Longmans.

Chomsky, N. (1988). *El lenguaje y los problemas del conocimiento*. Visor.

Deterding, S., Dixon, D., Khaled, R., & Nacke, L. (2011). From game design elements to gamefulness: defining "gamification". In *MindTrek '11 Proceedings of the 15th International Academic MindTrek Conference: Envisioning Future Media Environments, ACM, Nueva York* (pp. 9-15). https://doi.org/10.1145/2181037.2181040

Herrera, F. (2017). *Gamificar el aula de español*. https://formacionele.com/almacen/ebook02-formacionele-gamificacion.pdf

Hymes, D. H. (1995). Acerca de la competencia comunicativa. In M. Llobera Cànaves (Ed.), *Competencia comunicativa: documentos básicos en la enseñanza de lenguas extranjeras* (pp. 27-46). Edelsa.

Instituto Cervantes. (2012). *Competencias clave del profesorado de lenguas segundas y extranjeras*. https://cvc.cervantes.es/ensenanza/biblioteca_ele/competencias/competencias_profesorado.pdf

Vygotsky, L. S. (1978). *Pensamiento y lenguaje*. Paidós.

4 El acto de habla de disculpa en la enseñanza y el aprendizaje de ELE: una unidad didáctica en línea

Mario Saborido Beltrán[1]

Resumen

Esta investigación se enmarca dentro de uno de los temas principales de la Pragmática, como es el de los actos de habla en general y el del acto de habla de disculpa en español en particular. La elección del tema que nos ocupa tiene como justificación la necesidad de proporcionar un mejor entendimiento de los actos de habla, pero sobre todo de la disculpa. En este estudio se ha creado una unidad didáctica en línea sobre la disculpa en Español como Lengua Extranjera (ELE) en el campus virtual de la Universidad de Edimburgo. 86 alumnos del Grado en Estudios Hispánicos de varios niveles han completado la actividad tres de la unidad didáctica y sus respuestas nos han servido como datos para poder alcanzar los objetivos de investigación. Estos son: establecer estadísticamente las estructuras lingüísticas de disculpa que emplean los estudiantes, la forma en que las realizan (explícita o implícitamente) y las estrategias pragmáticas y marcadores de modalidad que usan para disculparse. Además, se cuestiona la posible influencia del nivel de competencia lingüística (B1/B2, Council of Europe, 2001) en la selección de determinadas estructuras lingüísticas de disculpa, en la forma de presentación de este acto de habla y en las estrategias y marcadores de modalidad.

Palabras clave: pragmática, actos de habla, disculpa, ELE, unidad didáctica en línea.

---

1. The University of Edinburgh, Edinburgh, United Kingdom; Mario.Saborido@ed.ac.uk; https://orcid.org/0000-0001-8089-1154

Para citar este capítulo: Saborido Beltrán, M. (2020). El acto de habla de disculpa en la enseñanza y el aprendizaje de ELE: una unidad didáctica en línea. En A. Lallana, L. Hernández Martín y M. Fuertes Gutiérrez (Eds), *Five years of ELEUK conferences: a selection of short papers from 2019* (pp. 41-51). Research-publishing.net. https://doi.org/10.14705/rpnet.2020.41.1074

© 2020 Mario Saborido Beltrán (CC BY)

Capítulo 4

1. Introducción

Un acto de habla es una unidad básica de la comunicación lingüística con la que se realiza una acción (por ejemplo, una petición, un agradecimiento, etc.). La teoría de los actos de habla es iniciada a partir de los años sesenta por Austin y desarrollada posteriormente por Searle. En este estudio se aborda la disculpa que, según Olshtain y Cohen (1983) y Blum-Kulka y Olshtain (1984), es un acto de habla expresivo que se realiza cuando el hablante reconoce que algún comportamiento ha violado las normas sociales y admite que está al menos parcialmente involucrado en su causa. Por tanto, es un acto posterior al evento para enderezar las cosas o recuperar la armonía social entre la persona ofendida y la que se disculpa.

Existen distintos tipos de disculpa según la gravedad de la ofensa y el estatus social del ofendido. Así pues, los hablantes utilizarán determinadas estructuras lingüísticas de disculpa, así como estrategias y marcadores de modalidad para pedir perdón, según la situación en la que se encuentren. Lo habitual y adecuado es que se empleen frases para disculparse como *disculpe* o *lo siento* cuando alguien ha pisado o empujado a otra persona sin querer. No obstante, estas formas lingüísticas no son suficientes para expresar una disculpa en otras situaciones comunicativas, ya que no guardarían relación con la dimensión de la ofensa que se desea reparar. Por ejemplo, en aquellas situaciones en las que se presente un riesgo elevado para la relación social, no basta con una fórmula simple que es adecuada ante ofensas pequeñas y de mínimo impacto social, sino que tenemos que presentar estructuras mucho más largas y complejas. Nos referimos concretamente a situaciones en las que olvidamos algo que debíamos hacer, retrasos para una cita o situaciones en las que rompemos o perdemos algo que pertenece a otra persona. Sin embargo, puede que otras culturas no tengan esa necesidad de ofrecer algo a cambio, de justificarse o dar tantas explicaciones a la hora de pedir perdón. Por tanto, a los alumnos de ELE de dichas culturas no les bastará con aprender un simple *lo siento* o *perdón*, sino que además tendrán que aprender lo que se espera de una disculpa en español si quieren mostrar una buena competencia.

También han de tener en cuenta que la relación directa entre la forma gramatical y la propia intención no es del todo constante, puesto que existen enunciados indirectos en los que la forma lingüística de una expresión no se corresponde con la intención del acto de habla que se realiza al emitirla. Así pues, es a partir del contexto comunicativo como se llegan a comprender tales actos de habla o, en otras palabras, a predecir la intención del hablante. Por ejemplo, en un enunciado como *Me he equivocado y no volverá a ocurrir*, el oyente ha de ser capaz de inferir la intención última del hablante al emitir este enunciado indirecto, es decir, una disculpa, mediante el conocimiento que posee sobre el contexto en que se realiza dicho acto. Por tanto, es este último el que ha de entender la naturaleza del enunciado para poder reconocer el propósito comunicativo del hablante al usar la lengua.

2. Estudio empírico

2.1. Objetivos de investigación

Los objetivos principales del estudio son:

- establecer estadísticamente las estructuras lingüísticas de disculpa que utilizan los estudiantes, la forma de presentación (explícita o implícitamente) y los tipos de estrategias y marcadores de modalidad empleados para pedir perdón;

- determinar si el nivel de competencia lingüística (B1/B2) es un factor que influye en la selección de determinadas estructuras lingüísticas de disculpa, en la forma de presentación de este acto de habla y en el tipo de estrategias y marcadores de modalidad empleados para pedir perdón.

2.2. Herramienta de recogida de datos

La herramienta de recogida de datos utilizada consiste en una unidad didáctica en línea sobre la disculpa en español, la cual ha sido creada en el campus virtual de la Universidad de Edimburgo, gestionado mediante el entorno de aprendizaje virtual *Blackboard*, muy extendido en el contexto universitario.

Los alumnos de primero y segundo año del Grado en Estudios Hispánicos de la Universidad de Edimburgo han tenido la oportunidad de seguir mejorando su forma de disculparse con autonomía completando esta unidad. De los 86 estudiantes que han participado en esta investigación, 48 tienen un nivel B1 de español, mientras que 38 tienen un nivel B2.

Las respuestas que nos han servido como datos para la realización del análisis y consecución de los objetivos son las del paso tres o actividad tres de la unidad didáctica, denominada *¿Qué dirías?* En esta actividad de respuesta abierta los alumnos han leído seis situaciones de comunicación diferentes clasificadas por ámbitos de menor a mayor nivel de dificultad. Seguidamente, han proporcionado una posible forma de pedir perdón en español si lo han considerado oportuno. Las dos primeras situaciones corresponden al ámbito público, las tres siguientes al personal y, la última, al educativo. Además, todas contienen una explicación sobre el contexto en el que se produce el intercambio verbal (véase Apéndice).

3. Análisis de resultados

La Figura 1 representa los tipos de verbos de disculpa utilizados por los estudiantes en número de veces y porcentajes. En su elaboración se han considerado las estructuras lingüísticas de disculpa que aparecen en el Plan Curricular del Instituto Cervantes (2006)[2].

---

[2]. La disculpa queda recogida en el inventario del Plan Curricular del Instituto Cervantes (PCIC), denominado Funciones y, concretamente, en el apartado de Relacionarse socialmente. Aquí se presentan las formas lingüísticas que todo aprendiente de español debería saber usar en función de su nivel de competencia lingüística. En este análisis se han considerado también las formas que aparecen en el documento para negarse a cumplir una orden o petición y expresar arrepentimiento porque pueden ser fuente de disculpas.

Figura 1. Tipos de verbos para pedir disculpas utilizados por los estudiantes

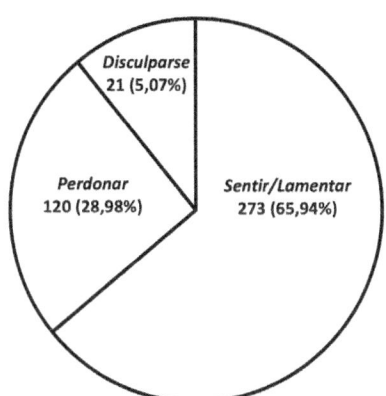

Las formas lingüísticas de disculpa que se han incluido dentro del grupo *sentir/lamentar* (273 en total; 65,94%) son *lo siento, lo siento mucho/muchísimo, siento* + inf., *lo lamento, siento/lamento* (*mucho, muchísimo...*) + inf. comp. y *siento/lamento* (*mucho, muchísimo...*) + *que*; las expresiones pertenecientes al grupo *perdonar* (120; 28,98%) son *perdón, perdona/e* y *perdóname/perdóneme*; y, corresponden al grupo *disculparse* (21; 5,07%) *disculpa/e, le ruego me disculpe* y *te ruego me disculpes*.

El verbo *perdonar* implica reconocer la responsabilidad que se tiene por haber causado algún daño a otra persona. Por tanto, pedir perdón es un acto de humildad, ha de hacerse con sinceridad y es aceptado en ocasiones forzosamente por la persona afectada. En cambio, el verbo *disculparse* implica no ser ni sentirse responsable de lo que haya ocurrido.

Los verbos *sentir/lamentar* son diferentes porque requieren un esfuerzo de mayor vulnerabilidad y empatía por parte del emisor al hacerle cargo de lo ocurrido, así como de los sentimientos y necesidades de la otra persona. Cuando decimos *lo siento* o *lo lamento* no le pedimos nada al otro, sino que simplemente expresamos lo que queremos decir. De hecho, el receptor puede actuar con total libertad.

Tabla 1. Estructuras lingüísticas de disculpa utilizadas por estudiantes con un nivel B1 y B2 de español

Estructuras lingüísticas de disculpa	Nivel B1	Nivel B2	Total
Lo siento	69 (25%)	60 (28,03%)	129 (26,32%)
Perdón	36 (13,04%)	29 (13,55%)	65 (13,26%)
Lo siento mucho/muchísimo	78 (28,26%)	50 (23,36%)	128 (26,12%)
Perdona/e	3 (1,08%)	1 (0,46%)	4 (0,81%)
Siento + inf.	1 (0,36%)	1 (0,46%)	2 (0,4%)
Lo lamento	5 (1,81%)	4 (1,86%)	9 (1,83%)
Disculpa/e	7 (2,53%)	10 (4,67%)	17 (3,46%)
Perdóname/Perdóneme	28 (10,14%)	23 (10,74%)	51 (10,4%)
Siento/Lamento (mucho, muchísimo...) + inf. comp.	1 (0,36%)		1 (0,2%)
Siento/Lamento (mucho, muchísimo...) + que	2 (0,72%)	2 (0,93%)	4 (0,81%)
Le ruego me disculpe	2 (0,72%)	1 (0,46%)	3 (0,61%)
Otras	44 (15,94%)	32 (14,95%)	76 (15,51%)
Te ruego me disculpes		1 (0,46%)	1 (0,2%)
Total	**276 (56,32%)**	**214 (43,67%)**	**490 (100%)**

Según la Tabla 1, los estudiantes han utilizado una amplia variedad de estructuras explícitas para pedir perdón, es decir, un total de 490. Estas son *lo siento* (129 formas lingüísticas; 26,32%), seguida de *lo siento mucho/muchísimo* (128; 26,12%), otras formas explícitas para pedir disculpas no expuestas en el PCIC (76; 15,51%), *perdón* (65; 13,26%), *perdóname/perdóneme* (51; 10,4%) y *disculpa/e* (17; 3,46%). Otras estructuras usadas en menor medida son *lo lamento* (nueve formas; 1,83%), *perdona/e* y *siento/lamento* (*mucho, muchísimo...*) *+ que* (cuatro; 0,81%), *le ruego me disculpe* (tres; 0,61%), *siento + inf.* (dos; 0,4%), así como *siento/lamento* (*mucho, muchísimo...*) *+ inf. comp.* y *te ruego me disculpes* (una; 0,2%).

Tabla 2. Forma de presentación de la disculpa por estudiantes con un nivel B1 y B2 de español

Forma de presentación de la disculpa	Nivel B1	Nivel B2	Total
Disculpas explícitas	254 (89,75%)	203 (89,82%)	457 (89,78%)

Disculpas implícitas	11 (3,88%)	9 (3,98%)	20 (3,92%)
Sin disculpas	18 (6,36%)	14 (6,19%)	32 (6,28%)
Total	**283 (55,59%)**	**226 (44,4%)**	**509 (100%)**

De acuerdo con la Tabla 2, la disculpa se presenta principalmente de forma explícita. 457 disculpas (89,78%) se han realizado explícitamente, mientras que solo 20 (3,92%) implícitamente. Asimismo, no se ha realizado en 32 ocasiones (6,28%) por decisión de los estudiantes.

En este estudio utilizamos la clasificación de Blum-Kulka, House y Kasper (1989) sobre las estrategias pragmáticas y marcadores de modalidad para pedir perdón. Según estos autores, la disculpa puede realizarse de forma más o menos directa, e incluso modificada por marcadores de modalidad que intensifican o atenúan su fuerza ilocutiva.

Tabla 3. Estrategias y marcadores de modalidad para disculparse utilizados por estudiantes con un nivel B1 y B2 de español

Estrategias y marcadores de modalidad para disculparse	Nivel B1	Nivel B2	Total
Explicación de la causa	54 (16,02%)	33 (15%)	87 (15,61%)
Ofrecimientos de la reparación	62 (18,39%)	46 (20,9%)	108 (19,38%)
Reconocimiento de la culpa	45 (13,35%)	38 (17,27%)	83 (14,9%)
Muestra de falta de intención	24 (7,12%)	11 (5%)	35 (6,28%)
Expresión de vergüenza	2 (0,59%)	1 (0,45%)	3 (0,53%)
Admisión de los hechos, pero no de la responsabilidad	21 (6,23%)	11 (5%)	32 (5,74%)
Rechazo de la culpa	2 (0,59%)		2 (0,35%)
Promesas de mejora	4 (1,18%)	8 (3,63%)	12 (2,15%)
Uso de adjetivos o adverbios amplificadores	80 (23,73%)	51 (23,18%)	131 (23,51%)
Repetición o doble intensificación	22 (6,52%)	11 (5%)	33 (5,92%)
Preocupación por el receptor	20 (5,93%)	9 (4,09%)	29 (5,2%)
Restar importancia a la infracción	1 (0,29%)	1 (0,45%)	2 (0,35%)
Distraer al receptor de lo ocurrido a través del humor			
Total	**337 (60,5%)**	**220 (39,49%)**	**557 (100%)**

Según la Tabla 3, las estrategias y marcadores de modalidad empleados por los estudiantes son el uso de adjetivos o adverbios amplificadores con un total de 131 (23,51%), ofrecimientos de la reparación (108; 19,38%), explicaciones de la causa (87; 15,61%), reconocimientos de la culpa (83; 14,9%), muestras de falta de intención (35; 6,28%), repeticiones o dobles intensificaciones (33; 5,92%) y admisiones de los hechos, pero no de la responsabilidad (32; 5,74%). Otras utilizadas con menos frecuencia son la preocupación por el receptor (29; 5,2%), promesas de mejora (12; 2,15%), expresión de vergüenza (tres; 0,53%), así como rechazar la culpa y restar importancia a la infracción (dos; 0,35%). También resulta interesante apuntar que no se haya encontrado ninguna muestra en la que se distraiga al receptor de lo ocurrido mediante el humor.

Si observamos la Tabla 1 de nuevo, el nivel de competencia lingüística no es un factor que influye notablemente en la selección de estructuras lingüísticas de disculpa, dado que los porcentajes de las estructuras utilizadas por los estudiantes de nivel B1 y B2 son muy similares.

La estructura más utilizada por los estudiantes de B1 es *lo siento mucho/muchísimo* con un total de 78 (28,26%), seguido de *lo siento* con 69 (25%). *Lo siento mucho/muchísimo* se ha empleado en 50 ocasiones (23,36%) por los estudiantes de B2, aunque la estructura más usada es la forma ritualizada *lo siento*, haciendo un total de 60 (28,03%). El tercer lugar lo ocupan en ambos grupos otras formas que no aparecen en el PCIC. El grupo de B1 ha usado 44 expresiones de disculpa (15,94%), tales como *discúlpame/discúlpeme; me disculpo por...; envío mis disculpas; lamento las molestias; pido disculpas/perdón; mil disculpas; te debo una disculpa; siento lo ocurrido; lamento mis acciones; lo lamento mucho y ¿me disculpas?* Sin embargo, los estudiantes de B2 han utilizado 32 (14,95%), entre las que destacan *discúlpame/discúlpeme; mil disculpas; quiero pedirte disculpas; te debo una disculpa; me disculpo por...; quiero disculparme; lo lamento mucho; debo pedirte las disculpas; lo siento profundamente y pido disculpas/perdón*.

Si revisamos la Tabla 2, el nivel de competencia lingüística tampoco influye considerablemente en la forma de presentación de la disculpa, dado que los porcentajes correspondientes a las disculpas explícitas e implícitas realizadas son prácticamente iguales en los dos grupos. La disculpa aparece presentada explícitamente por los estudiantes en gran medida, alcanzando un total de 254 disculpas (89,75%) por los de B1 y 203 (89,82%) por los de B2; 11 disculpas (3,88%) se han realizado implícitamente por el primer grupo y nueve (3,98%) por el segundo; y, este acto de habla no se ha desarrollado en 18 ocasiones (6,36%) por los de B1, mientras que 14 disculpas (6,19%) no se han realizado por los de B2.

Algo similar ocurre también con las estrategias y marcadores de modalidad, como puede apreciarse en la Tabla 3. Dicha tabla demuestra que predomina el uso de adjetivos o adverbios amplificadores en ambos niveles, con un total de 80 intensificadores (23,73%) realizados por los estudiantes de B1 y de 51 (23,18%) por los de B2. Del mismo modo, la estrategia de ofrecimientos de la reparación se emplea en 62 ocasiones (18,39%) por el primer grupo, mientras que el segundo la ha empleado en un total de 46 (20,9%). A esta estrategia le sigue la de explicaciones de la causa con 54 (16,02%) por los estudiantes de nivel inferior, y la de reconocimiento de la culpa con 38 (17,27%) por los de nivel superior. Por tanto, el cuarto lugar lo ocupa el reconocimiento de la culpa en el primer grupo con 45 (13,35%), y la de explicación de la causa en el segundo grupo con 33 usos de dicha estrategia (15%).

4. Conclusión

Los estudiantes partícipes de esta investigación han utilizado una gran variedad de estructuras explícitas para pedir perdón, así como de estrategias pragmáticas y marcadores de modalidad. No obstante, consideramos que los estudiantes no son del todo conscientes de que una disculpa también puede realizarse de forma implícita, aspecto en el que sería necesario hacer más hincapié en el aula de español. Por otra parte, podemos concluir que la variable nivel de competencia lingüística no tiene una gran influencia en la selección de estructuras lingüísticas de disculpa, en la forma de presentación de este acto de habla y en el tipo de estrategias y marcadores de modalidad para pedir perdón. Por tanto, el hecho de que algunos estudiantes tengan un nivel B1 y otros B2 de español no significa que algún grupo en concreto haya ofrecido estructuras explícitas y estrategias y marcadores de modalidad mucho más variados.

Para concluir, en próximos estudios se podrían considerar los niveles A y C, e incluso la posible influencia de variables como el sexo y la experiencia de aprendizaje en países hispanohablantes. Otra cuestión que sería necesario plantearse es si el grado de corrección y adecuación al producir disculpas varían según el nivel de competencia lingüística. Finalmente, podríamos ampliar esta investigación con estudiantes que hayan disfrutado de alguna estancia en países latinoamericanos para examinar las similitudes y diferencias existentes en la realización de la disculpa entre los estudiantes que hayan estado en España y al otro lado del Atlántico.

Una vez realizadas las investigaciones pertinentes sobre la disculpa en español, lo ideal sería ir haciendo una lista de las características de la misma en otras lenguas con los estudios realizados hasta esa fecha. De este modo, se podría establecer una comparación de este acto de habla en diferentes culturas para que los profesores de español podamos tener de antemano una visión mucho más amplia al respecto.

5.   Apéndice

https://research-publishing.box.com/s/2vo6tmywpfcyttfzt6cyjgfs8d8vwjvm

Referencias

Blum-Kulka, S., House, J., & Kasper, G. (1989). *Cross-cultural pragmatics: requests and apologies*. Ablex.

Blum-Kulka, S., & Olshtain, E. (1984). Request and apologies: a cross-cultural study of speech act realization patterns (CCSARP). *Applied Linguistics, 5*(3), 196-213. https://doi.org/10.1093/applin/5.3.196

Council of Europe. (2001). *Common European framework of reference for languages: learning, teaching, assessment.* Cambridge University Press. https://rm.coe.int/16802fc1bf

Instituto Cervantes. (2006). *Plan curricular del Instituto Cervantes. Niveles de referencia para el español.* Instituto Cervantes / Biblioteca Nueva, S.L.

Olshtain, E., & Cohen, A. D. (1983). Apology: a speech act set. In N. Wolfson & E. Judd (Eds), *Sociolinguistics and language acquisition* (pp. 18-35). Newbury House.

Section 2.

Empowering Spanish L2 learners: enhancing engagement and student agency

5. El uso del debate estructurado en clase como herramienta para desarrollar el pensamiento crítico en la clase de ELE

Lidia Acosta[1]

Resumen

Conseguir que el alumno de Español como Lengua Extranjera (ELE) pueda participar en una conversación más allá de la mera repetición de estructuras gramaticales previamente aprendidas y que a la vez pueda entender lo que le responden es uno de los objetivos últimos del profesor de ELE. Sin embargo, para poder lograrlo debemos asegurarnos desde el principio de que los aprendientes participan de forma activa en el proceso de aprendizaje, por ejemplo, a través de la cooperación y la comunicación. Sin embargo, los estudiantes sólo pueden llegar a ser usuarios competentes de la lengua si, además de usar la lengua y conocer su significado, son capaces de mostrar un pensamiento creativo y crítico a través de la misma. Por lo tanto, para poder participar de forma exitosa en una conversación, no se trata tan solo de disponer de mucha información, sino de poder discernir y tomar decisiones razonadas a través de un pensamiento crítico. En este artículo describo el uso del Debate Estructurado en Clase (DEC), entendido este como un tipo de debate en el que grupos de estudiantes discuten una pregunta preparada de antemano, como herramienta para ayudarlos a desarrollar su pensamiento crítico y aumentar la participación. Con esta actividad se persigue que antes de participar en un debate en clase, además de trabajar su expresión oral, los aprendientes

---

1. University of Stratclyde (Reino Unido), Glasgow, United Kingdom; lidia.acosta@strath.ac.uk; https://orcid.org/0000-0002-4455-5337

Para citar este capítulo: Acosta, L. (2020). El uso del debate estructurado en clase como herramienta para desarrollar el pensamiento crítico en la clase de ELE. En A. Lallana, L. Hernández Martín y M. Fuertes Gutiérrez (Eds), *Five years of ELEUK conferences: a selection of short papers from 2019* (pp. 55-65). Research-publishing.net. https://doi.org/10.14705/rpnet.2020.41.1075

Capítulo 5

obtengan los recursos necesarios para poder identificar la pregunta del debate, investigarla, analizarla, reflexionar sobre ella y llegar a conclusiones coherentes y razonadas.

Palabras clave: enseñanza del español, aprendizaje activo, pensamiento crítico, debate, participación.

1. Introducción

Imagínate que eres profesor de ELE en una clase de nivel B2-C1 (Council of Europe, 2001). Has organizado una discusión en clase sobre un tema de actualidad. Los estudiantes conocen de antemano la pregunta que se ha propuesto sobre el tema y se han preparado su intervención. Te sientes positivo y dispuesto a volverte invisible o por lo menos innecesario, porque esperas que sean ellos los que dominen la interacción, defiendan sus argumentos y rebatan los argumentos de los otros, a la vez que respetan la diversidad de opiniones. Para que esto ocurra, se necesita que los aprendientes tomen decisiones de forma independiente, juzguen las opiniones de los otros y las suyas y que reflexionen sobre su manera de tomar decisiones y resolver problemas. En otras palabras, que fomenten el pensamiento crítico.

La realidad es que la mayoría de las veces, el debate se convierte simplemente en un intercambio de notas memorizadas sin mucha coherencia y reflexión entre los dos o tres estudiantes que se atreven a participar, mientras la gran mayoría escucha en silencio. Entonces, si esto ocurre, las preguntas que debemos hacernos son: ¿es justo esperar más de ellos? ¿hasta qué punto les hemos dado las herramientas para poder participar en el debate de forma autónoma? ¿tienen las habilidades cognitivas necesarias para que a la misma vez que usan la lengua meta desarrollen un pensamiento crítico?

Si la respuesta a las preguntas anteriores es 'no', podemos plantearnos qué hacer para que su participación sea más significativa y mayor. Antes de nada, es importante asegurarse de que nuestros estudiantes saben qué es el pensamiento crítico y qué esperamos de ellos.

2. ¿Qué es el pensamiento crítico?

En el ámbito académico y de la enseñanza, el pensamiento crítico no es un concepto nuevo, aunque parece no existir una definición genérica aceptada por todos los especialistas. Por un lado, algunas definiciones enfatizan la importancia de la reflexión, el razonamiento y la acción (Elder y Paul, 1994, p. 34). En concreto, para Ennis (1985) el pensamiento crítico es "un pensamiento reflexivo y razonable que está enfocado en decidir qué creer o hacer" (p. 45). Por otro lado, algunos investigadores se han centrado más en las habilidades cognitivas que son necesarias para desarrollar un pensamiento crítico. Así, por ejemplo, Facione (2000, p. 65) lo describe como un proceso de autoajuste que implica el uso de las habilidades cognitivas para juzgar y mejorar la calidad de los juicios. Por lo tanto, cuando se habla de pensamiento crítico, realmente se alude a las habilidades que el individuo desarrolla para poder aplicarlo.

Chatfield (2018) define el pensamiento crítico así: "pensar críticamente es realizar un esfuerzo activo en entender lo que está sucediendo a través del uso del razonamiento, la evaluación de la evidencia y el pensamiento cuidadoso sobre el proceso de pensar en sí mismo" (p. 6). Esta concepción resulta pertinente en el contexto del estudiante de ELE porque implica que este debe realizar un doble esfuerzo activo, es decir, no solo tiene que intentar entender la lengua sino también lo que está sucediendo.

3. Pautas para el desarrollo del pensamiento crítico

Para empezar a introducir el concepto de pensamiento crítico en el aula de ELE, es importante inculcar al estudiante que el pensamiento crítico requiere que adopte un papel activo desde el principio en el proceso de aprendizaje, lo que a su vez puede también incrementar su motivación interna. La idea es que entiendan que antes de memorizar la información, deben ser capaces de hacer una reflexión significativa de lo que aprenden. Por tanto, al estudiante de ELE se le puede enfatizar que, para desarrollar el pensamiento crítico, ante cualquier información que lea o escuche, debe realizar un esfuerzo activo para que, además de entenderla, pueda también analizarla, reflexionar sobre ella y evaluarla.

Lipman (2003, p. 76) asegura que el pensamiento crítico implica la participación en el razonamiento práctico, es decir, la práctica es esencial para ser un buen pensador crítico. Por lo tanto, una buena manera de proceder es mostrarles ejemplos en los que los estudiantes tengan que distinguir qué es pensar críticamente y qué no lo es.

4. Actividades para el desarrollo del pensamiento crítico

Existen distintos tipos de actividades para ayudar a los estudiantes a distinguir lo que es pensamiento crítico y lo que no es. Por ejemplo, para empezar, el profesor puede proponer una lluvia de ideas sobre sobre qué entienden los estudiantes sobre qué es no tener pensamiento crítico o ser 'acrítico'. El objetivo es que lleguen a la conclusión de que 'somos acríticos' cuando nos tomamos las cosas al pie de la letra sin detenernos a considerar si la información que leemos o escuchamos es sensata, justificada o razonable.

A continuación, se les puede pedir a los estudiantes que compartan con la clase ejemplos reales o imaginados de actitud acrítica para que luego ellos apliquen una perspectiva crítica y, así, ver la diferencia. Por ejemplo: ¿cuándo has emitido un juicio de valor sobre alguien sin preguntarte antes si era razonado o justificado? ¿en qué te basaste para llegar a tus conclusiones? ¿cómo hubiese sido un juicio de valor razonado y consciente? El profesor también puede plantear escenarios donde los estudiantes deben decidir si los protagonistas están o no aplicando un pensamiento crítico e invitarles a que lo apliquen en los casos donde fuera necesario.

El objetivo de este tipo de ejercicios es que nuestros estudiantes se den cuenta de que nos estamos beneficiando constantemente de un pensamiento crítico previo sin ser conscientes de ello. Además, este tipo de ejercicios también sirve para ilustrar que es más fácil no ser crítico ante situaciones nuevas o poco conocidas.

Proseguimos la actividad con ejercicios diseñados para aplicar el escepticismo a la información que leemos o escuchamos. Ser escépticos y objetivos ante la información que leemos o escuchamos es otra manera de asegurar una perspectiva crítica. Por un lado, el escepticismo es un elemento importante para juzgar hasta qué punto una afirmación tiene firmeza racional o, por el contrario, se basa en una opinión subjetiva, en gustos o suposiciones sin justificación. Por otro lado, el pensamiento crítico también implica captar una situación de la manera más objetiva posible, identificando los hechos desde fuera y dejando a un lado nuestros propios sentimientos y preferencias.

Un tipo de ejercicio que puede emplearse en el aula de ELE para ayudar a los alumnos a abordar la información que leen o escuchan de una forma escéptica y objetiva es aquel donde se pide a los estudiantes que, ante una serie de afirmaciones, distingan información fiable de la no fiable. El objetivo de esta actividad es que el estudiante se dé cuenta de que cuando percibe una información de manera escéptica y objetiva, le resultará más fácil reconocer si su conocimiento sobre la misma es limitado y podrá, de este modo, seguir investigando hasta encontrar evidencias válidas para apoyar su argumentación (Chatfield, 2018, p. 9).

5. DEC con reflexión final escrita

Una de las actividades que se pueden desarrollar en la clase de ELE para desarrollar el pensamiento crítico es el debate en clase. Según Kennedy (2009, p. 226), además del dominio del contenido, este requiere el dominio de habilidades de pensamiento crítico. El DEC se define como aquel debate donde grupos de 3 o 4 estudiantes presentan sus argumentos sobre una pregunta preparada de antemano (Oros, 2007, p. 293). Frente a los debates tradicionales, los llamados debates estructurados presentan determinadas características:

- se integran en el diseño del curso y se introducen al principio del mismo como un componente central del aprendizaje. El profesor debe actuar como mediador y volverse invisible durante el debate;

- las habilidades de pensamiento crítico se enseñan explícitamente como un aspecto de la realización exitosa de múltiples tareas de debate. Los estudiantes reciben definiciones y otros atributos de las palabras que deben aprenderse;

- la pregunta de debate se elabora junto con los alumnos por adelantado y se pide a los estudiantes que consideren activamente múltiples líneas de respuesta;

- el debate oral en grupo se complementa con la realización de un ensayo reflexivo individual en el que cada estudiante reflexiona sobre su participación en el debate y comenta lo que ha aprendido de la experiencia.

Por lo tanto, en el contexto de la clase de ELE, con este tipo de debate, además de incrementar el aprendizaje activo y la participación, se puede ayudar al aprendiente a desarrollar su capacidad comunicativa y de análisis crítico de un tema y también su expresión escrita a partir de una experiencia con la realización de un ensayo reflexivo individual. Una vez explicado el enfoque de pensamiento crítico a los estudiantes y habiendo desarrollado sus habilidades de pensamiento crítico, sugerimos los siguientes pasos para aplicar el DEC en la clase de ELE.

5.1. Explicación de los criterios de evaluación

El profesor enseña y explica los criterios de evaluación de grupo del DEC, los cuales incluyen tanto elementos de lengua como de contenido (Tabla 1) y los criterios de la evaluación del trabajo escrito individual de seguimiento (ensayo reflexivo) (Tabla 2). En general, los grupos deben ser evaluados no sólo por el contenido de sus presentaciones, sino también por la claridad y persuasión de las mismas.

Tabla 1. Ejemplo de criterios de evaluación de grupo sobre la calidad del contenido y su desempeño oral (habilidades de expresión oral) (traducido y adaptado de Oros, 2007, p. 296)

EVALUACIÓN DE GRUPO (DEC) - Nombre:	5	4	3	2	1	0
Las líneas argumentales fueron claras y coherentes.						
El objetivo de la prueba se cumplió conforme a los materiales del curso y/o en investigaciones externas.						
Se aportaron evidencias adecuadas.						
Las presentaciones fueron claras y persuasivas.						
Los argumentos y contraargumentos se presentaron de forma lógica y coherente.						
El grupo fue capaz de rebatir argumentos opuestos y defender su posición.						
Se ha entendido bien a los oradores.						
Los oradores usaron un léxico variado y específico sobre el tema.						
Hubo contacto visual entre los oradores y el público						
5. excelente; 4. muy bien; 3. bien; 2. adecuado; 1. insuficiente; 0. muy deficiente						

Tabla 2. Ejemplo de criterios de evaluación sobre la calidad de la lengua y el contenido del trabajo individual escrito de seguimiento

EVALUACIÓN INDIVIDUAL (ensayo reflexivo) Nombre:						
Lengua: • Gramática • Vocabulario • Sintaxis	5	4	3	2	1	0
Contenido: • Relevancia • Evidencia de análisis serio	5	4	3	2	1	0
Estructura: • Organización • Cohesión	5	4	3	2	1	0
5. excelente; 4. muy bien; 3. bien; 2. adecuado; 1. insuficiente; 0. muy deficiente						

5.2. Formación de grupos, introducción al tema de debate y elaboración de glosario colaborativo

A continuación, el profesor ayuda a organizar grupos de tres o cuatro estudiantes. Es importante recordar a los estudiantes que al finalizar el debate cada uno de ellos deberá hacer un análisis individual de su participación en el debate y de su opinión personal en un ensayo reflexivo individual. Por lo tanto, deberán ir anotando qué argumentos van a enfatizar.

> **Presentación del tema.** Con el fin de que se familiaricen primero con el tema general de debate, se les pide que lean una serie de textos relacionados con el mismo (noticias, artículos de opinión, etc.) y que apunten ideas principales para compartirlas en clase sin pedirles que emitan juicios de valor.
>
> **Elaboración de glosario.** Se pide a cada grupo que contribuya en la elaboración de un glosario online común con términos específicos sobre el tema.

5.3. Elección de la pregunta y preparación de la argumentación

Una vez que los estudiantes están familiarizados con el tema, se les involucra en la elaboración y diseño de la pregunta de debate. A continuación, se anima a cada grupo a desarrollar múltiples líneas argumentales apoyadas por las evidencias encontradas en las lecturas del curso y en fuentes externas. Es importante recordarles los criterios de evaluación del debate y que cada grupo debe preparar las dos posiciones del argumento, ya que hasta el día del debate no sabrán qué posición van a defender.

5.4. Realización de debates de práctica con feedback oral y escrito

Se realizan varios debates de práctica más informales sin calificación sobre otros temas que se cubran en la clase con el fin de recibir feedback de diferentes perspectivas (del profesor, de los propios compañeros de clase y de la reflexión de sí mismo).

5.5. Realización de debates evaluados con una calificación de grupo y feedback centrado en el equipo

El día del DEC los estudiantes comenzarán el debate siguiendo un formato previamente establecido y presentado desde el principio de curso (Tabla 3). La evaluación formal ocupa un papel primordial en el debate, ya que son las expectativas explícitas y su posterior evaluación lo que empuja a los aprendientes a hacer un esfuerzo activo en desarrollar sus habilidades de pensamiento crítico. Los estudiantes también desarrollarán sus habilidades de gestión de grupo a través de la participación en los DEC. En cuanto a la calificación, los estudiantes recibirán una calificación de grupo (debate) y otra individual (ensayo reflexivo).

Tabla 3. Ejemplo de la estructura del debate que deben seguir los estudiantes el día del debate evaluado (traducido y adaptado de Oros, 2007, p. 302)

(1a) El Equipo 1 presenta la posición afirmativa: 4 minutos.
• Se introduce el (los) argumento(s).   • Se presentan pruebas en apoyo del argumento.
(1b) El Equipo 2 presenta la posición negativa: 4 minutos.
• Se introduce el argumento.   • Se presentan pruebas en apoyo del argumento.   • No se da respuesta directa al Equipo 1.
(2a) El Equipo 1 reintroduce la posición afirmativa: 4 minutos.
• Se introducen argumentos secundarios.   • Se presentan más pruebas.   • Las pruebas y argumentos de la posición negativa son refutados.
(2b) El Equipo 2 reintroduce la posición negativa: 4 minutos.
• Se introducen argumentos secundarios.   • Se presentan más pruebas.   • La evidencia y los argumentos de la posición afirmativa son refutados.
(3a) Réplica del Equipo 1: 4 minutos.
• Se responde directamente a los argumentos del equipo contrario.   • Se resumen los puntos clave de la posición del equipo.

Capítulo 5

(3b) Refutación del Equipo 2: 4 minutos.
• Se responde directamente a los argumentos del equipo contrario. • Se resumen los puntos clave de la posición del equipo.
Cada debate dura un total de 24 minutos; tres rondas de 4 minutos para un equipo 'a favor' y uno 'en contra'.

5.6. Discusión en clase después del debate

Realizamos preguntas puntuales para mejorar la discusión posterior al debate.

5.7. Sesión de feedback individual a cada grupo de debate

El profesor entrega en una sesión aparte la hoja de evaluación de grupo (Tabla 1) con observaciones y recomendaciones para futuros debates.

5.8. Trabajo escrito individual de seguimiento (ensayo reflexivo)

Se pide a cada estudiante escribir un ensayo individual reflexivo que describa su posición personal sobre el tema del debate, aportando evidencias tanto de su investigación como de las que ha escuchado de otros. El profesor evalúa esta tarea siguiendo la hoja de evaluación individual (Tabla 2) y aportando recomendaciones sobre la lengua y su capacidad de análisis crítico.

6. Conclusión

Esta práctica didáctica de DEC en una clase de ELE de nivel C1 es una herramienta útil para animar a los estudiantes a participar activamente en el proceso de aprendizaje y a involucrarse en todos los niveles, desde la elaboración de la pregunta de debate hasta la reflexión escrita individual. Es importante que el profesor de ELE actúe como instructor en cuanto a la formación de la lengua y adquisición de vocabulario y adopte el papel de guía ayudando a sus estudiantes a elaborar múltiples líneas argumentales usando las diferentes habilidades cognitivas. Sería recomendable incluir el DEC en el currículo del curso, ya que su evaluación formal contribuiría a un mayor esfuerzo por parte del aprendiente a aplicar su pensamiento crítico tanto en las interacciones orales como las escritas.

Referencias

Chatfield, T. (2018). *Critical thinking: your guide to effective argument, successful analysis and independent study*. Sage Publications.

Council of Europe. (2001). *Common European framework of reference for languages: learning, teaching, assessment*. Cambridge University Press. https://rm.coe.int/16802fc1bf

Elder, L., & Paul, R. (1994). Critical thinking: why we must transform our teaching. *Journal of Developmental Education, 18*(1), 34-35.

Ennis, R. H. (1985). A logical basis for measuring critical thinking skills. *Educational Leadership, 43*(2), 44-48.

Facione, P. A. (2000). The disposition toward critical thinking: its character, measurement, and relationship to critical thinking skills. *Informal Logic, 20*(1), 61-84. https://doi.org/10.22329/il.v20i1.2254

Kennedy, R. R. (2009). The power of in-class debates. *Active Learning in Higher Education, 10*(3), 225-236.

Lipman, M. (2003). *Thinking in education* (2nd ed.). Cambridge University Press.

Oros, A. L. (2007). Let's debate: active learning encourages student participation and critical thinking. *Journal of Political Science Education, 3*(3), 293-311. https://doi.org/10.1080/15512160701558273

El uso de diarios como herramienta pedagógica para explorar la conciencia metalingüística de los estudiantes universitarios de idiomas

Susana Carvajal[1] y Argyro Kanaki[2]

Resumen

Este estudio presenta los resultados de nuestro trabajo etnográfico de investigación longitudinal con diarios de aprendizaje. El enfoque pedagógico del uso de diarios se aplica aquí para explorar la conciencia metalingüística y se muestra en consecuencia adecuado para mejorar las habilidades académicas y consolidar la enseñanza y el aprendizaje. El objetivo de nuestra investigación era explorar las manifestaciones de la conciencia metalingüística de los estudiantes de español en la Universidad de Dundee en tres clases nocturnas diferentes. Para ello, incorporamos los diarios de aprendizaje a la práctica en el aula como tarea para el final de cada clase. Nuestra investigación demostró que, mediante el uso de un diario, los estudiantes expresaron conscientemente reflexiones detalladas sobre el análisis de la lengua e hicieron comparaciones del español con su L1. Sin embargo, observamos escasas reflexiones sobre sus propias estrategias de aprendizaje, así como de conciencia intercultural. El estudio concluye con algunas recomendaciones para la mejora de la experiencia de enseñanza y aprendizaje de idiomas y la mejora tanto de los materiales como de los métodos de enseñanza en el entorno universitario.

Palabras clave: conciencia metalingüística, diarios, estrategias de aprendizaje, análisis de la lengua, estudiantes universitarios de español.

---

1. University of Dundee, Dundee, United Kingdom; s.carvajal@dundee.ac.uk

2. University of Dundee, Dundee, United Kingdom; a.kanaki@dundee.ac.uk; https://orcid.org/0000-0003-0819-5781

Para citar este capítulo: Carvajal, S., & Kanaki, A. (2020). El uso de diarios como herramienta pedagógica para explorar la conciencia metalingüística de los estudiantes universitarios de idiomas. En A. Lallana, L. Hernández Martín y M. Fuertes Gutiérrez (Eds), *Five years of ELEUK conferences: a selection of short papers from 2019* (pp. 67-78). Research-publishing.net. https://doi.org/10.14705/rpnet.2020.41.1076

Capítulo 6

1. Introducción

La conciencia metalingüística se define como la capacidad de los aprendientes de lenguas para construir su conocimiento de la segunda lengua (u otras) a partir de los conocimientos previos de su propio idioma u otros que conozcan, en combinación con otras experiencias de aprendizaje que puedan tener en contacto con diferentes entornos (Herdina y Jessner, 2002).

Se considera que la reflexión metalingüística es una manifestación de lo que conocemos como conciencia del lenguaje y cobra especial importancia en el proceso de adquisición de segundas lenguas. Es, en palabras de Farrell (2007), un requisito teórico básico para comprender cómo los estudiantes experimentan el proceso de aprendizaje y análisis de la lengua.

El comportamiento metalingüístico de los aprendientes de lenguas se ha observado en alumnos en diferentes contextos educativos; tanto en entornos de educación primaria y secundaria como en la enseñanza universitaria, si bien es en este último contexto, el universitario, donde se han llevado a cabo la mayor parte de los estudios. Sin embargo, la reflexión metalingüística recibió una atención limitada durante décadas debido al predominio del enfoque comunicativo en las aulas de L2 (Simard, French y Fortier, 2007). Las propuestas del método natural, y del método comunicativo posteriormente, intentaban emular un ambiente en el que el alumno adquiriese la lengua meta de forma natural y sin tener en cuenta la estructura lingüística previa que el aprendiente traía consigo a la clase. La L1 estuvo desterrada de las aulas hasta que una nueva tendencia metodológica introdujo la 'atención a la forma' en los años noventa y con ello el análisis contrastivo y la importancia del papel de la L1 en la adquisición de la L2.

Además, la conciencia metalingüística ha sido identificada como uno de los factores, o incluso el factor clave del aprendizaje multilingüe (Jessner, 2018, p. 257). Por esa razón podemos afirmar que es la capacidad más importante que hay que fomentar para facilitar la coexistencia de la nueva lengua con la L1 y con otras segundas lenguas si las hubiere. En el estudio que presentamos, pedimos a los participantes que escribieran sus reflexiones en inglés – fuera o no su primera lengua – dado que lo que queríamos de nuestros estudiantes era que analizaran y reflexionaran sobre el español, pero usando la lengua vehicular.

2. Descripción del proyecto

2.1. Objetivos del estudio

El estudio que presentamos es un estudio etnográfico que llevamos a cabo durante el curso 2017-2018. El objetivo de nuestro estudio era explorar la conciencia metalingüística de estudiantes de español en un curso de dos horas semanales en una universidad escocesa. El estudio se centró en las manifestaciones de la conciencia metalingüística reflejadas en sus diarios y en sus reflexiones sobre el aprendizaje.

2.2. Metodología

Investigaciones anteriores realizadas por estudiosos en este ámbito demuestran que la actividad de redacción de un diario fomenta la verbalización sobre la lengua meta y que estas verbalizaciones derivan hacia una mayor conciencia del lenguaje (Simard et al., 2007). Sin embargo, se han realizado pocas investigaciones de carácter cualitativo para explorar la conciencia metalingüística de los propios estudiantes, para examinar cómo abordan el desarrollo de dicha conciencia o para explorar el uso de diarios de aprendizaje como herramienta de reflexión metalingüística: aunque hay numerosos estudios sobre el tema usando métodos cuantitativos, son necesarios más estudios cualitativos para explorar la conciencia metalingüística (Simard y Gutiérrez, 2018).

Para contribuir a cubrir esta carencia, en este estudio se han utilizado métodos cualitativos mediante el análisis de los datos recogidos a través de los diarios. En concreto, para obtener las reflexiones de los estudiantes incorporamos diarios de aprendizaje en la secuencia de las clases como tarea al final de cada lección. Dado que nuestro objetivo era centrarnos en la reflexión metalingüística, limitamos la intervención de los estudiantes planteándoles dos preguntas a las que responder, siempre las mismas para cada entrada: (1) qué habían aprendido en la lección y (2) qué diferencias o similitudes encontraban entre su L1 (inglés y/u otras) y el español.

Durante la sesión de instrucción, se les proporcionaron algunos ejemplos que incluían aspectos culturales y lingüísticos, pero intencionadamente muy generales para no condicionar las respuestas; insistimos además en que estas podrían reflejar cualquier aspecto de la lengua y de la cultura que les pareciera interesante. Fue una decisión a priori plantear preguntas abiertas para que los alumnos decidieran qué aspectos consideraban importante reflejar en sus diarios.

Los diarios de aprendizaje fueron analizados cualitativamente y las reflexiones clasificadas en categorías lingüísticas. Los códigos para las categorías no estaban preestablecidos, sino que se fijaron a partir de los datos obtenidos. Pudimos comprobar que algunos de los niveles de análisis sugeridos por los datos concuerdan con investigaciones anteriores (género, verbos, vocabulario, estructura, etc.).

2.3. Participantes

En el proyecto participaron los alumnos de tres cursos; en total, treinta y ocho estudiantes de español como lengua extranjera, con un perfil lingüístico mixto, entre los que unos tenían inglés como L1 y otros como L2. Las tres clases fueron impartidas por la misma profesora. Se recogieron datos de los siguientes grupos[3]:

- Stage 1 (A1): diecisiete participantes y once entradas de diario por persona.

- Stage 3 y 4 (B1 y B2 respectivamente): trece participantes y nueve entradas de diario por persona.

---

3. En cuanto a los niveles, podemos hacer la siguiente equiparación con los niveles del Marco Común Europeo de Referencia (Consejo de Europa, 2001).

- Stage 5 (B2 y C1): ocho participantes y doce entradas de diario por persona.

La competencia lingüística de los estudiantes no fue formalmente evaluada para este estudio. En cada clase se trabajaron un rango de competencias lingüísticas que facilitaba a los estudiantes cooperar en tareas.

3. Análisis de resultados

En los diarios de aprendizaje los estudiantes reflejaron su capacidad de análisis de la lengua. Los datos de sus diarios fueron clasificados en códigos lingüísticos que cubren tres temas principales. Decidimos no editar ni corregir los errores en las anotaciones de los alumnos ni en español ni en inglés. Tampoco usamos 'sic' para indicar errores de los participantes.

3.1. Identificación de errores recurrentes en español que cometen (principalmente) estudiantes con inglés como L1.

- **Falsos amigos**

    "Algunas palabras suenan y parecen la misma en las dos lenguas, pero no significan lo mismo, p. ej. 'asistir' – 'asistir'. No 'ayudar'" (Stage 1).
    (*Some words sound and look the same in both languages but do not mean the same thing. Eg asister – to attend. Not to assist*).

    "Algunas palabras parecen similares a palabras en inglés y suenan parecido, pero tienen significados distintos de los obvios. Por ejemplo 'simpático' en español es 'nice', pero se esperaría 'simpatétic'" (Stage 1).
    (*Some words look similar to English and sound similar but have different meanings from the obvious for example 'simpatico' in Spanish is nice, but you would expect it to be sympathetic*).

Capítulo 6

"Algunas palabras suenan igual en inglés y en español, p. ej. 'carpeta' pero tienen diferente significado" (Stage 1).
(*Some words were sounding the same in English as in Spanish! E.g. 'carpeta' but different meanings*).

- **Género**

"Las diferencias consisten en intentar entender cuándo usar masculino, femenino, plural y cuándo es 'soy' or 'estoy'" (Stage 1).
(*The differences are in trying to understand when to use masculine, feminine, plurals and when it is 'soy' or 'estoy'*).

"Hemos aprendido a usar términos femeninos cuando hablamos de seres femeninos, pero para describir 'pelo', aunque yo soy mujer, 'pelo' es masculino, por eso las palabras para describirlo son masculinas" (Stage 1).
(*We are taught to use feminine terms when talking about females but to describe like hair even though I am female hair is masculine, so my describing words are masculine*).

"El español además usa masculino y femenino para describir objetos, pero los objetos en inglés no tienen género" (Stage 3).
(*Spanish also uses masculine and feminine to describe objects but objects in the English language are genderless*).

- **Usos de 'ser' y 'estar'**

"Aprendemos la diferencia entre 'ser' + 'estar'. He estado lidiando con cuándo deben usarse, espero que esto lo aclare" (Stage 1).
(*Learning the difference between 'ser' + 'estar'. Have been struggling with when these are used so hoping this will get clearer*).

"Un buen truco para recordar cuando usar 'está' es pensar 'dónde' ('donde está'). No tenemos dos verbos para 'to be' en inglés y esto puede ser bastante confuso para mí cuando intento hablar español" (Stage 3).

(*A good tip for remembering when to use 'Está' is to think where ('donde está'). We do not have two verbs for to be in English and this can be quite confusing for me when trying to speak Spanish*).

"Una cuestión difícil de entender, intentar decidir cuándo usar 'ser' o 'estar'. Hay reglas y situaciones que dictan cuál debe usarse y que es necesario estudiar mucho para comprenderlo totalmente, y esto es muy diferente del inglés. Punto clave: características o circunstancias" (Stage 4).
(*A very difficult subject to understand, attempting to decide when to use 'ser' or 'estar'. There are rules and situations which dictate which is to be used, and which will need much study to fully understand, and this is very different from English. Key point: characteristics or circumstances*).

3.2. Descripción de cómo funciona la lengua tanto en español como en inglés y otras L1

"Es bastante interesante que la 1ª, 2ª y 3ª persona (en los posesivos) es diferente cuando el objeto es plural, p. ej. 'mi' 'mis'. En inglés 'my' es siempre singular independientemente del objeto u objetos. En hindi, como en español, el objeto (singular/plural) decide si la forma de la 1ª, 2ª y 3° persona del posesivo debe ser singular o plural. P. ej. 'mera/mere'" (Stage 1).
(*It's quite interesting that the 1st, 2nd, 3rd person (in possessive) is different when the object is plural. E.g. mi' 'mis'. In English, my is always singular irrespective of the object/objects. In hindi (Indian language), like Spanish the object (singular/plural) decides whether the 1st, 2nd, 3rd person possessive form would be in singular/plural. eg: 'mera/mere'*).

"Sin embargo, 'me gusta/n' significa en español 'It is pleasing to me / they are pleasing to me' O, literalmente to me it is pleasing. 'It/them' son el objeto de la frase. Este es un concepto difícil de entender" (Stage 3).

Capítulo 6

(*However, 'me gusta/n' means in Spanish It is pleasing to me / they are pleasing to me. Or literally to me it is pleasing. The it/them being the object/s of the sentence. This quite a difficult concept to understand*).

"Pretérito perfecto. Separar los conceptos de tiempo y acción. Así, una acción ocurre en el pasado, pero conectada al presente. También, si 'alguna vez' has hecho o no algo (experiencias) entonces se usa el 'pretérito perfecto'" (Stage 3).
(*'Pretérito perfecto' tense. Conceptually separating time and action so an action is in the past but is connected to the present. Also, if you have ever done something or not done something (experiencias) then the 'pretérito perfecto' is used*).

"Una mayor comprensión de cuándo usar los tiempos imperfecto y pretérito. Hubo frases útiles para ampliar la regla; por ejemplo, imperfecto para situaciones, descripciones y acciones repetidas" (Stage 4).
(*A deeper understanding of when to use the imperfect and when to use the preterite tenses. There were useful phrases to expand on the rules for example imperfect for situations, descriptive passages and repeated actions*).

"A diferencia del inglés, en español hay tratamiento formal e informal, y el uso del verbo es diferente. En hindi, odiya, etc. (idiomas de la India) hay también un tratamiento formal e informal como en español" (Stage 1).
(*Unlike English, in Spanish there is a formal and an informal way, where the usage of verb is different. In Hindi, Odiya, et. (Indian languages) also there is a formal and an informal way like in Spanish*).

Aquí podemos observar cómo el estudiante identifica diferencias también en aspectos pragmáticos.

3.3. Verbalización y traducción de reglas gramaticales que pueden aplicarse a L1 y L2

"Como en español, cuanto más complicadas son las frases, más formales resultan. Es igual en inglés" (Stage 3).
(*Just like in Spanish, the more complicated the sentences, the more formal they become. This is the same in English*).

"(Comparaciones). De nuevo es bastante similar en español y en inglés. No se nos ocurre cuándo se trata de nuestra primera lengua. El problema principal para mí es la diferencia masculino/femenino que no existe en inglés" (Stage 3).
(*(Comparisons) Again it is very similar in Spanish to English, it doesn't occur to us when it's our first language. The main issue for me is the masculine /feminine aspects that English doesn't deal with*).

"Me he dado cuenta de que el tiempo 'he' es similar al inglés 'I have'" (Stage 4).
(*I have noticed how the 'he' tense is similar to the English 'I have'*).

"Imperfecto. En inglés usaríamos el past continous, pero las diferencias del uso en español parecen ser más sutiles según si quieres expresar 'supe' and 'sabía'" (Stage 4).
(*Imperfecto- in English we would use the past continous but the differences in Spanish usage seem to be more subtle according to when you are trying to express 'supe' and 'sabía'*).

Sin embargo, al analizar las anotaciones, observamos algunos resultados inesperados. Por ejemplo, en los diarios apenas aparecen referencias a cuestiones culturales (aparte de menciones a las costumbres navideñas, después de una clase dedicada exclusivamente al tema). Esta omisión resulta sorprendente, puesto que los contenidos culturales (fiestas, gastronomía, literatura, cine, música, etc.) están incluidos en el currículo y se tratan frecuentemente durante el desarrollo de las clases.

Otro dato interesante es que los estudiantes tampoco anotaron reflexiones sobre sus propias estrategias de aprendizaje, aparte de las observaciones analíticas mencionadas anteriormente. En general observamos que, aunque la mayoría refleja el problema lingüístico, son pocos los alumnos que verbalizan los modos de resolverlo. Es relevante mencionar que mientras los estudiantes son capaces de reflexionar sobre elementos gramaticales y de describir y formular reglas, sin embargo, parecen no aplicar esta misma reflexión para comprender sus propias estrategias de aprendizaje y las claves que están usando para deconstruir la lengua y comprenderla.

Una última cuestión para la reflexión es que las entradas de los estudiantes para la primera pregunta (¿Qué has aprendido hoy?) muestran diferentes respuestas con diferentes grados de coincidencia en cada grupo; en el grupo Stage 1 se recogen solo un 18% de respuestas similares aproximadamente; en Stage 2 aparece aproximadamente un 56%; y el grupo Stage 3 es el que presenta más similitudes, alrededor del 80%. Es interesante comprobar cómo los alumnos seleccionan distintos contenidos, sobre todo porque los objetivos de la lección fueron expresados metódicamente al principio de cada clase. Con ello creemos que se demuestra el carácter individual, personal y único del proceso de aprendizaje.

4. Conclusión

A la vista de los datos recogidos de los diarios podemos concluir que los estudiantes demuestran capacidad de reflexión metalingüística. Si bien es cierto que algunas de las reflexiones gramaticales habían sido expresadas de forma explícita durante la clase, el hecho es que se muestran también anotaciones personales. En cualquier caso, podemos afirmar que son capaces de verbalizar reglas y estructuras detalladamente. Como señalan Muñoz y Spada (2019), "los aprendientes jóvenes y adultos tienen la capacidad de aprovechar su conciencia metalingüística, capacidades cognitivas y competencias lingüísticas, y esto se debe tener en cuenta a la hora de tomar decisiones pedagógicas" (p. 238). En conclusión, hemos comprobado que el uso de los diarios como herramienta pedagógica favorece la comprensión y consolidación de los contenidos y puede incentivar el desarrollo de las competencias mencionadas.

Nuestro estudio, sin embargo, presenta sus propias limitaciones. Es un estudio etnográfico a pequeña escala que examina la manifestación del conocimiento por parte del estudiante, más que la causa y efecto que pueda tener una herramienta pedagógica a gran escala. Obviamente, analizar el aprendizaje de los estudiantes en cada etapa de aprendizaje, individualmente y en mayor número, proporcionaría conclusiones más sólidas. Por ejemplo, se podrían hacer tests que midieran la competencia metalingüística de los estudiantes en su propia L1 y sus competencias previas en español para los no principiantes. Lo que nuestro estudio ofrece es un rápido acercamiento a las reflexiones de los estudiantes, a sus opiniones y observaciones claramente descritas y tomadas directamente de la clase, que pueden usarse de manera fácil y fiable para ayudar al profesor.

Nuestras recomendaciones a la luz de los resultados de este estudio incluyen:

- aplicar una enseñanza explícita. Como sugiere Meier (2018), se pueden fomentar los enfoques interlingüísticos sobre los aspectos formales: léxico, gramática, sintaxis y pronunciación;

- fomentar la reflexión sobre el lenguaje enfocando la enseñanza en similitudes y diferencias (Meier, 2018);

- fomentar la exploración de los aspectos culturales de las lenguas, hacer comprender a los estudiantes que lengua y cultura están indisolublemente unidas y que aprender una lengua es acercarse a su cultura;

- guiar al aprendiente para que investigue e identifique estrategias de aprendizaje animándole a descubrir qué habilidades se activan durante su tiempo de estudio (Jessner, 2018).

En conclusión, recomendamos el uso de diarios como herramienta pedagógica para explorar la conciencia metalingüística de los estudiantes de idiomas y facilitar un diálogo entre el profesor y los estudiantes que pueda redundar en la mejora de la enseñanza y del aprendizaje.

Referencias

Council of Europe. (2001). *Common European framework of reference for languages: learning, teaching, assessment*. Cambridge University Press. https://rm.coe.int/16802fc1bf. For Spanish: https://cvc.cervantes.es/ensenanza/biblioteca_ele/marco/cvc_mer.pdf

Farrell, T. S. C. (2007). *Reflective language teaching: from research to practice*. Continuum.

Herdina, P., & Jessner, U. (2002). *A dynamic model of multilingualism. Perspectives of change in psycholinguistics*. Multilingual Matters. https://doi.org/10.21832/9781853595547

Jessner, U. (2018). Language awareness in multilingual learning and teaching. In P. Garrett & J. M. Cots (Eds), *The Routledge handbook of language awareness* (pp. 257-274). Routledge. https://doi.org/10.4324/9781315676494-16

Meier, G. (2018). Multilingual socialisation in education: introducing the M-SOC approach. *Language Education and Multilingualism, 1*, 103-125.

Muñoz, C., & Spada, N. (2019). Foreign language learning from early childhood to young adulthood. In A. De Houwer & L. Ortega (Eds), *The Cambridge handbook of bilingualism* (pp. 233- 249). Cambridge University Press.

Simard, D., French, L., & Fortier, V. (2007). Elicited metalinguistic reflection and second language learning: is there a link? *System, 35*(4), 509-522. https://doi.org/10.1016/j.system.2007.06.004

Simard, D., & Gutiérrez. X. (2018). The study of metalinguistic constructs in second language acquisition research. In P. Garrett & J. M. Cots (Eds), *The Routledge handbook of language awareness* (pp. 205-221). Routledge. https://doi.org/10.4324/9781315676494-13

7 Raising awareness on assessment criteria through peer-assessment and self-reflection in the Spanish oral class

Alba del Pozo García[1]

Abstract

In language courses, oral skills are frequently a source of anxiety for students. Moreover, in some occasions, students are unfamiliar with the evaluation criteria used to assess their performances, increasing their level of stress when facing the oral exam. This article describes a series of activities based on the introduction of several formative and summative self- and peer-assessment activities in a Year 2 Spanish module, aimed at students in the Modern Languages Programme at the University of Nottingham. Students have varied profiles and learning styles, as their programmes include Modern Languages and some variations of Joint Honours programmes with languages. The activities aimed to give students some extra tools to allow them to better monitor their oral performance, potentially easing their concern on the linguistic elements which would be assessed and letting them autonomously identify their own strengths and the areas where they might need improvement.

Keywords: oral skills, peer-assessment, self-assessment, B2, spanish language learning, assessment literacy.

---

1. University of Nottingham, Nottingham, United Kingdom; alba.delpozogarcia@nottingham.ac.uk; https://orcid.org/0000-0003-1081-8917

How to cite this chapter: Del Pozo García, A. (2020). Raising awareness on assessment criteria through peer-assessment and self-reflection in the Spanish oral class. In A. Lallana, L. Hernández Martín & M. Fuertes Gutiérrez (Eds), *Five years of ELEUK conferences: a selection of short papers from 2019* (pp. 79-88). Research-publishing.net. https://doi.org/10.14705/rpnet.2020.41.1077

Chapter 7

1. Introduction

The context of our practice is the Spanish 2 module which offers three contact hours a week: a lecture taught by the Module Convenor with 150 students, and two one-hour seminars in small groups: one focused on writing skills and the second one focused on oral practice. All classes are taught using Spanish, although English might be used exceptionally to clarify some points, for example giving assessment instructions or in one-to-one meetings with students. According to the module outline, these are the learning outcomes that students are expected to achieve after completing the module:

- Spanish 2 will bring students up to level B2 of the Common European Framework of Reference for languages (CEFR);

- it will provide them with the necessary linguistic skills for their year abroad; and

- students will respond to situations, both formal and informal, constructing a reasoned argument on a current topic or issue, either orally or in writing, demonstrating effective oral and written communication in Spanish.

2. Issues identified

Assessment is a key area that needs to be considered at all stages of any teaching and learning activity. From a student perspective, it can be one of the main sources of stress and a potential anxiety trigger. This situation worsens when we refer to the specifics of language learning, where oral skills are one of the main learning outcomes of the module and thus a fundamental part of assessment. The assessment of oral skills can be challenging for students due to its short timespan – usually oral exams do not take longer than 15 minutes – along with their inability to control the speech in the same way as in written assessments.

In our case, during Semester 1, students informally expressed their concerns about the oral assessment to me and other language tutors. They felt it was one of their main anxiety triggers when facing their final exams, but also during oral language classes and formative activities. In particular, oral assessment was a potential source of worries and stress for two main reasons: (1) students feeling they were not in control of their oral speech and relying too heavily on memorisation, leading to a surface learning approach; and (2) students often feeling unfamiliar with the applied evaluation criteria, or the level of language they were supposed to achieve (in our case, in the context of this paper, B2+). With regards to this, students were not able to fully understand the marking criteria for oral activities, nor the assessment rubric used to give them oral feedback. Students had been introduced to the marking criteria before, but it is worth highlighting that marking criteria wording is generally addressed to tutors, not to students. In fact, we discovered that students were not aware of what a B2 level was. Many of them were not familiar with the CEFR. An additional issue was that students focused on avoiding grammar mistakes but were unaware of other elements being assessed (e.g. fluency, vocabulary, cohesion and content).

3. Implementation of the practice

Allowing students to 'feel ownership' of their learning (Biggs & Tang, 2011, p. 40) is one of the essential elements to encourage students' motivation and further learning success. The amount of studies surrounding the need to encourage students to take control of their learning has grown substantially in the last decades. Nevertheless, despite the range of proposals available, there is a common element to most studies in this field: feedback plays a central role in improving "the student's capacity to self-regulate their own performance" (Nicol & Macfarlane-Dick, 2006, p. 205, see also Biggs & Tang, 2011, pp. 64-65).

My departing point of reflection was precisely what students understood about the level corresponding to a CEFR B2 and after identifying the issues mentioned above, I linked them to current theories on self- and peer-assessment. I further considered different strategies that could be followed to change this situation by encouraging student self-awareness of the learning process and the skills they are meant to acquire.

3.1. Contextualisation

Given the practical nature of the course, formative feedback and continuous summative assessment are key to the students' learning. However, final examinations carry the most weight of the mark awarded – an oral exam is 20%, while the final written exam weighs 40%, and continuous assessments a further 40%. I decided to focus on formative and continuous summative assessment, aiming to provide feedforward during the course. I prepared several activities specifically linked to the oral classes, and the formative and continuous oral assessment in class. These activities, completed in preparation for the final exam, aimed to give student's useful, constructive feedback to help them identify their strengths and the areas where their oral performance might need improvement. In other words, I designed these activities using the 'assessment for learning' approach (Carless, Joughin, & Liu, 2006; Sambell, McDowell, & Montgomery, 2013, pp. 8-9), which emphasises the idea that assessment should be pragmatic and useful for learners, with a good balance between summative and formative opportunities, and with formal feedback aimed to improve learning.

3.2. From peer-assessment to self-awareness

Among the different strategies that have been developed, formative peer-assessment seems a relevant option to consider when critically reflecting upon feedback and assessment, as it might be useful to tackle the issues mentioned.

Peer-assessment is now common practice in Higher Education and a well-established field of research. However, the goal of peer-reviewed activities, as stated by Sambell et al. (2013), falls below the framework of assessment for learning, and aims at "developing the student's capacity as a lifelong learner"

(p. 120). Peer-assessment therefore requires the student to act as an assessor and to produce feedback. This is a much more complex process that requires, as noted by Nicol and Macfarlane-Dick (2006, p. 200) and Black et al. (2003), among others, the students to connect with the knowledge they already have and to explicitly use the marking criteria. In other words, they are required to adopt the point of view of the assessor.

In the field of language learning, Cheng and Warren (2005, p. 95) comment on the comparatively low number of studies on peer-assessment on oral practice, as most of them are focused mainly on written practice. Rodríguez-González and Castañeda (2018, p. 2) highlight the same issue in their study on trained peer-feedback in second language learning and reveal how a well-planned and implemented activity can improve students' confidence, encourage active learning, and enhance audience awareness.

Considering the above-mentioned studies, I developed a peer-assessment activity on oral skills aimed at enhancing students' awareness on their learning by allowing them to consider which elements were part of a good oral performance at a B2 level. To achieve these goals, I developed a series of activities over six weeks during Semester 2, aimed at training students to become assessors and provide feedback.

3.3. Sequence of activities

The timeline of these stages was tailored to give students several opportunities to become assessors. First in groups, later individually, and finally on students as practise in identifying strengths and areas for development in their peers' presentation.

- Week 5, piloting oral presentations and peer-assessment: In small groups, students are asked to listen to each other practising the oral presentations; they ask questions and give informal feedback to their peers. At the end of the class, a few minutes are allocated for collective reflection on the strengths and weaknesses of students' performances.

Chapter 7

- Week 6, out of class preparation for a first oral presentation: During self-directed study week, students prepared autonomously for the oral continuous assessment.

- Week 7, first oral presentation: Over two weeks, each student presented in class for three minutes, followed by a short three-minute Q&A. Students who did not present filled in an observation form commenting on their fellow students' performances and noting elements which could be improved in their presentations.

- Week 8, teacher's summary for the first oral presentation: The teacher collected all the feedback forms and processed the completed forms in a single, collective list of elements divided in two columns: those needing improvement and positive aspects.

- Week 9, feedback and analysis session on first oral presentation: Students were provided with that document and were asked to classify the items into the four descriptors included into the oral examiners' marking sheet (communication and understanding, including accent and pronunciation, grammar, vocabulary and register, and intellectual performance). In this session, the teacher gave students the mark of the first oral presentation alongside the actual rubric against which they have been assessed. The oral seminar on Week 9 was essential – it was used both as a feedback session, so students received their marks, but also as a training session, with a previous activity with the feedback and data gathered by the students.

- Week 10/11, second oral presentation (mock oral exam): Over two weeks, students assessed each other's presentations, this time using the actual assessment rubric. Students were asked to identify the indicative band but not a mark. At the same time, each student filled in a self-assessment form at the end of their presentation. Finally, during the last two weeks, students were expected to reflexively practise their oral exams and, at the same time, to be capable of identifying their own and their peers' strengths and areas of improvement.

4. Analysis of results

This was the first time that students were asked to observe and evaluate (but not grade) their fellow students' work. Therefore, the initial suggestion was received with certain reluctance. However, working in small groups, students were able to compile a first sample of reflections that included a wide array of items.

Then, students were formally asked to fill in the observation forms. Participants compiled a long list of elements covering grammar (uses of the subjunctive, prepositions, or past tenses), fluency (amount or lack of pauses, pronunciation), vocabulary (use of specific words), and content and coherence (precise answers, appropriate use of linkers, or deep knowledge about a topic). This first stage was thus reasonably successful, although not all the students completed the form. This could have been improved by emphasising that completing the form was not voluntary, but part of the activity.

I also noted that there was a disproportionate focus on grammar mistakes and fluency (specially the number of pauses made by the speakers) in the students' feedback. This was addressed in Week 9, which proved to be the most relevant session for the students. It gave them the opportunity to reflect upon such unbalances when I showed them a very long list of fluency and grammar issues and shorter one of issues related to vocabulary and content and coherence. The fact that it was their own feedback and they were asked to think about how to improve all the areas meant that they could reflect actively and critically about oral language as a complex whole. Furthermore, this session also helped them to fully understand their mark and their tutor's feedback.

On Week 9, students were expecting their marks from their oral presentations. The language tutor is expected to give them a marking sheet back with a grade and some notes pointing out mistakes. I opted to alternatively follow the plan below.

- Students worked in groups classifying the items they had written down in four categories, corresponding to the columns of the oral assessment rubric: (1) communication and understanding, including accent and pronunciation; (2) grammar; (3) vocabulary and register; and (4) intellectual performance.

- For 15 minutes: each group shared their views and results, and certain aspects that might not have been clear were commented upon.

- For 10 minutes: in small groups, students identified one area where to improve as well as specific actions to improve in that area.

- For 10 minutes: students received their rubrics with the grades. They read their feedback and asked to comment on it individually with the language tutor. Office hours and the possibility of going through the feedback on a one-to-one basis was offered as well.

As mentioned, two major modifications were introduced in this session. First, I opted for the collective feedback reflection, before giving them their marks at the end of the session. This proved positive, as students were able to relate the collective feedback reflection with their own individual feedback reports and mark afterwards. Secondly, their feedback sheet was divided in two parts: the rubric and my own notes. These notes followed the same pattern of the student feedback identifying positive aspects and areas to improve, moving away from the previous model of focusing only on the mistakes.

On subsequent sessions, students clearly improved their performance on the mock oral exams, compared to their performance on the continuous assessment. They showed more confidence, and when asked how they thought their performance had been, they were better able to identify the areas where they might need improvement, but also their strengths. Their focus widened from grammar and fluency to vocabulary and cohesion.

5. Conclusion

The main goal of this activity was to offer the students a more complex approach to a successful oral performance, moving from the obvious grammar mistakes to a more holistic view of oral language. Students' performance on their mock exams suggested that the activity had been successful. Most students were perfectly capable to peer- and self-assess an oral performance with an acceptable degree of accuracy, which demonstrates a better knowledge of criteria, therefore, they knew better what was expected of them. Furthermore, the activity kept the students engaged and I received positive informal oral feedback by conducting interviews during the class. The general feel was that students felt better prepared after doing this activity to successfully take their final oral exams. They also mentioned that they were more aware of the different elements considered by examiners and had a better understanding of the rubric. Therefore, I am confident that the activity proved to be successful, and useful to improve students' self-perception on their own learning by allowing them to view learning from the assessor's perspective.

In future iterations of the course, I would like to use the recordings of oral presentation exams – gathered mainly for moderation purposes, to enhance students' learning. I aim to anonymise a selection of recordings and develop next year an additional activity where students might discuss and assess them.

References

Biggs, J., & Tang, C. (2011). *Teaching for quality learning at university*. McGraw-Hill Education.

Black, P., Harrison, C., Lee, C., Marshall, B., & Wiliam, D. (2003). *Assessment for learning: putting it into practice*. Open University Press.

Carless, D., Joughin, G., & Liu, N.-F. (2006). How assessment supports learning: learning-oriented assessment in action. Hong Kong University Press. https://doi.org/10.5790/hongkong/9789622098237.001.0001

Cheng, W., & Warren, M. (2005). Peer-assessment of language proficiency. *Language Testing, 22*(1), 93-121. https://doi.org/10.1191/0265532205lt298oa

Nicol, D. J., & Macfarlane-Dick, D. (2006). Formative assessment and self-regulated learning: a model and seven principles of good feedback practice. *Studies in Higher Education, 31*(2), 199-218. https://doi.org/10.1080/03075070600572090

Rodríguez-González, E., & Castañeda, M. (2018). The effects and perceptions of trained peer feedback in L2 speaking: impact on revision and speaking quality. *Innovation in Language Learning and Teaching, 12*(2), 120-136. https://doi.org/10.1080/17501229.2015.1108978

Sambell, K., McDowell, L., & Montgomery, C. (2013). *Assessment for learning in higher education*. Routledge.

8. Learner generated digital content: from posters to videos to promote content acquisition in a language class

Esther Lecumberri[1] and Victoria Pastor-González[2]

Abstract

This article explores the use of Learner Generated Digital Content (LGDC) in the context of advanced Spanish language modules. An approach to learning and teaching frequently used and extensively researched in disciplines such as medicine and natural sciences, LGDC has in recent years made a cautious appearance in the area of modern languages (Lambert, Philp, & Nakamura, 2017). In the present case, LGDC becomes a powerful tool to address the challenge of introducing content acquisition in what is primarily a language module. Through the creation and sharing of a range of archivable learner generated digital material (posters and videos), learners and teachers collaborate to develop a living and open access information resource that can be expanded and used by successive cohorts of students in a cumulative process of knowledge generation and knowledge exchange. Scheduled at different points throughout the term and designed to result in texts of increasing linguistic complexity, these tasks encourage students to engage with the process of content acquisition and provide them with opportunities to practise and refine the linguistic skills required for the successful completion of their final assessment (an individual presentation). The introduction of LGDC in the module teaching and learning strategy led to a noticeable increase in student engagement, as evidenced by the results of questionnaires

---

1. Regent's University London, London, United Kingdom; lecumbee@regents.ac.uk; https://orcid.org/0000-0003-1145-4123

2. Regent's University London, London, United Kingdom; pastorgonv@regents.ac.uk; https://orcid.org/0000-0001-6305-3933

How to cite this chapter: Lecumberri, E., & Pastor-González, V. (2020). Learner generated digital content: from posters to videos to promote content acquisition in a language class. In A. Lallana, L. Hernández Martín & M. Fuertes Gutiérrez (Eds), *Five years of ELEUK conferences: a selection of short papers from 2019* (pp. 89-99). Research-publishing.net. https://doi.org/10.14705/rpnet.2020.41.1078

© 2020 Esther Lecumberri and Victoria Pastor-González (CC BY-NC-ND)

Chapter 8

conducted with three consecutive cohorts. By sharing our experience, we would like to encourage fellow practitioners to introduce LGDC in the language classroom.

Keywords: learner generated digital content, Spanish for specific purposes, video production, poster design, content acquisition.

1. Introduction

The purpose of this article is to share our experience of using LGDC for content acquisition in the context of an advanced language module (B2/C1), a year-long compulsory module for final year students on a Bachelor of Arts in international business at Regent's University London. The first half of the year is mostly devoted to general business content and the development of professional skills, i.e. negotiation skills, understanding business strategy, and researching investment opportunities in the Spanish-speaking world. The second semester places greater emphasis on developing critical thinking and exploring socioeconomic aspects of the Hispanic world, with an emphasis on Latin American countries. Additionally, the latter is one of the learning outcomes of this module and students are assessed on it. Integrating opportunities to develop content knowledge in the learning and teaching strategy of what is primarily a language module has been an ever-present challenge for the team in charge of developing and delivering these classes over the past decade.

In terms of language learning and teaching, the team subscribes to pedagogical practices based on a communicative approach and task-based learning. A similar stance is adopted for planning, structuring, and implementing tasks aimed at content acquisition. These tasks mimic situations where data and information are collected, manipulated, and made sense of for the benefit of an interlocutor, thus encouraging students to view content not just as a passive set of facts, but as the active ingredient in an intellectual process that involves acquisition, exchange, and creativity. Learning content successfully comes through having to communicate real meaning, a belief that informs the tasks that over the years we have designed to provide students with a scaffold for content acquisition, from in-class global simulations to group presentations, and more recently LGDC.

2. Description of practice

Before discussing our current practices involving LGDC, it is important to provide a brief account of the learning and teaching strategies for content acquisition implemented previously in this module. By looking back at our experience with simulations and group presentations, we aim to reveal the canvas on which our current LGDC strategies are drafted on. They are also the result of a systematic process of critical inquiry into the effectiveness of our pedagogical approaches, and a profound commitment to enhance the quality of life in the classroom for both learners and teachers.

2.1. Our past strategies: simulations and group presentations

When the module was first developed, content acquisition was structured around several tasks that students would complete within the self-contained environment of a simulation. Our task required students to play a specific role, as representatives of a Latin American country, within a situation that is perceived as real, a Latin American forum. As discussed in Lecumberri and Suárez (2013), the use of a simulation in the language classroom stimulated the creation of language and encouraged interaction. Qualitative data collected as part of that earlier study seemed to indicate that students found the simulation engaging and a useful task to acquire knowledge about the countries:

> "I have learned a lot about various aspects of Latin America. It is a great and efficient way to improve my Spanish".

> "I learnt more in-depth knowledge about numerous countries as everyone did independent research on one specific country and we were

able to exchange our weekly acquired knowledge in the mesas redondas (round tables)".

"Everybody was interested, and everybody participated" (Lecumberri & Suárez, 2013, p. 72).

Conversely, other students pointed out that sometimes the exercise felt like "it was just giving numbers and then became a bit boring" (Lecumberri & Suárez, 2013, p. 72). This statement highlights the challenge of encouraging student interaction in order to avoid participants becoming passive recipients of information. For a simulation to be an effective learning tool, there must be a strong identification between the learner and the role they are playing – being that of presenter or respondent, so they can transition from a superficial performance to a deeper level of identification with the role, bridging the gap from 'pretending to be', to 'acting like'. However, over time we observed a lack of engagement with the exercise, students would come to class unprepared, they were distracted during the interventions, and reticent to ask or respond to questions. Therefore, a decision was taken to replace in-class simulations with group presentations.

Despite the operational challenges posed by group work, scholars still argue that there are valuable gains to be made from introducing them in the classroom. According to Burke (2011, p. 88), group work gives learners access to wider resources as individual students can profit from the research carried out by other members. Furthermore, Burke (2011) argues that group work stimulates creativity, leads to increased levels of satisfaction, and fosters learning and comprehension.

For this new task, students worked in groups of two or three members to create a presentation that mirrored, both in structure and content, the individual interventions that in the past they would have prepared for the simulation. As members of the audience, students were asked to take notes and formulate questions, thus facilitating interaction. This in-class exercise was also the designated point to provide formative feedback for students in preparation for their final summative assessment (an individual oral presentation). A desire to offer students an opportunity to develop the oral and presentation skills required for that final assessment also played a part in the decision to adopt this new format.

Whilst there was a noticeable increase in the levels of collaboration and interaction as evidenced by students' comments on the module evaluations, this format presented several drawbacks. First, it was time consuming and eventually led to presentation fatigue, which in turn had an impact on the level of student engagement with the process of content acquisition. Second, and more importantly, the ephemeral nature of the exercise made it difficult for students to have access to the presented content at a later stage for revision.

2.2. Our current strategy: LGDC (posters and videos)

Having identified the challenges posed by group presentations (too long, repetitive, lack of access to presented content), the development of LGDC suggested itself as a possible solution. For the purposes of our study, we define LGDC as a type of archivable content material created by the learner using digital tools and intended to be shared with the wider learner community to support their learning experience. Unlike simulations and group presentations, the materials produced as part of this LGDC project constitute a living and open access resource that can be expanded and used by successive cohorts of students in a cumulative process of knowledge generation and knowledge exchange. This approach, frequently used and extensively researched in disciplines such as medicine and the natural sciences, has in recent years made a cautious appearance in the area of modern languages (see Lambert et al., 2017). From the wide range of examples of learner generated materials at our disposal, the team decided that posters and videos would be the most suitable options to engage students in the process of content acquisition.

2.2.1. First LGDC task: poster design

Experiments with data visualisation in the form of poster presentations and infographics had already been carried out in other intermediate modules with various degrees of success. From those initial efforts, lecturers learnt that posters were not suitable for assessment purposes but could be a valuable tool as part of a classroom exercise. Transferred to the context of the advanced module considered here, the task of designing and sharing posters about Latin American countries became not only a powerful tool to engage students with the process of content acquisition, but also a framework that facilitated the introduction of a wider range of shorter tasks involving collaboration and gamification.

The task, which takes place over the first three weeks of a twelve-week term, involves providing learners with a digital poster template that must be completed individually with relevant information about a Latin American country that each student has been assigned at random. Students are asked to refrain from sharing the name of the country with their peers or from putting the name of the country on the poster. These unnamed posters are then uploaded onto a module blog hosted on the university's virtual learning environment. At the following session, posters are printed and displayed in the style of a poster fair. Learners are then invited to engage with the material through games and fact-finding exercises. First, students work in pairs and compete against each other to identify the countries using flags. Once the countries have been identified, a set of questions is provided to encourage students to compare and discuss the socioeconomic conditions of two or more countries. For instance, they are required to classify the countries by economic growth, the level of access to the Internet, or their population. Posters are used as prompts in other sessions to support consolidation activities in the form of online quizzes, competitions, and group debates.

The process of students creating individual posters that are first shared in class and then stored in a permanent and easily accessible space encourages individual creativity and facilitates mutual learning and exchange. Moreover, by providing students with a set template for their posters, we ensure a certain level of consistency and quality, thus turning these materials into a lasting product that may be used as a learning resource for current and future students.

Furthermore, and as Wallengren Lynch (2018) concludes in his exploration of poster presentations in the context of social sciences, "poster presentations are a creative way to help students crystallize their own arguments and help scaffold knowledge in preparation for final submissions" (p. 638). We concur with this statement of the value of posters to prepare for summative assessment. As part of our current research on the effectiveness of LGDC for content acquisition, we collected the views of students through written questionnaires. When asked if they found posters useful to prepare for their mid-term assessment (a written essay on socioeconomic aspects of Latin American countries), 80% of the students in the cohort agreed or strongly agreed (Lecumberri & Pastor-González, 2019). Therefore, we could argue that poster design provides students with a scaffold to develop their own learning materials in order to prepare for their formative and summative assessments.

Finally, poster design became a sandbox for students to develop basic skills in data management, as a first step to engage with more complex forms of LGDC such as videos.

2.2.2. Second LGDC task: video production

For their second LGDC task of the term, students were asked to work in small teams to produce a short video for a foreign direct investment fair, promoting one Latin American country to potential investors. This assignment was due on week seven of the term and students were encouraged to expand on the data presented on the posters. These videos are shared online, and they are viewed and discussed in class. Since the aim of the exercise is to identify the most attractive country for foreign investment, students must complete a set of relevant questions for each video, which are then discussed by the group. To conclude the session, students use a polling app to vote for the best work in terms of content, originality, and creativity. Given time constraints it was not possible to provide students with training in video production, but the submitted assignments were of a good quality overall. Some students simply recorded themselves on their phones, whilst others used screencast and other forms of video editing software. This experience made us realise that as teachers we should capitalise on the knowledge that students acquire in formal and informal contexts outside the classroom space and provide them with opportunities to showcase them to fellow learners.

Whilst for the posters, students work with a predetermined format, video production provides them with a space to develop creativity and critical thinking. Creativity was evident in the variety of formats presented – from a conversation between two students in a restaurant, to more traditional screen capture videos, and short documentaries. Free from the constraints of a poster template, we found that in making this video the most committed students displayed a capacity to step beyond data collection, and a willingness to explore the reality behind the numbers, as illustrated by the best video in the cohort. A paradigmatic example of the remix practices so prevalent in today's digital era, this video combined existing footage of lithium mining in Bolivia with a musical soundtrack, to which the students added their own recorded audio commentary and captions. In terms of content, they fulfilled the brief by providing relevant data about the sector and a list of the financial advantages of investing in the mining industry. However, they then expanded on the topic by focusing on the environmental costs of extractivism in Latin America, and, in the closing section, encouraged viewers to adopt a critical stance when investing in the sector.

3. Analysis and discussion

We conclude that by adopting tasks linked to or supported by LGDC, the challenges of integrating content acquisition in this module have been addressed.

As Reyna (2018) suggests, LGDC promotes "the development of professional skills, research and inquiry, critical thinking, creativity and can motivate learners to further engage with the content" (p. 14). Throughout the processes that we outlined in the previous section, we observed in-class behaviours in our students – enthusiasm, interest, and willingness to exceed assignment requirements, that have been identified as examples of positive engagement (Trowler, 2010, p. 6). The questionnaires previously mentioned on section 2.2.1. also addressed engagement. To the statement *I found creating the poster engaging*, 94% of the students agreed or strongly agreed (Lecumberri & Pastor-González, 2019). Reyna (2018) also argues that in producing their own digital content "learners feel empowered when showcasing what they learn to the wider community"

(p. 14), a positive outcome that was particularly noticeable in the case of video production. Ultimately, these tasks encourage learners to shift from being a passive recipient of content to becoming an active prosumer of content with the capacity to self-select which materials are more suitable for the completion of the task.

The decision to stagger content acquisition related tasks throughout the semester rather than concentrate them on a couple of sessions helps with linguistic scaffolding, as each task demands increasingly sophisticated forms of language production. Whilst the guided posters focus on the process of finding facts that are presented afterwards in short, itemised statements of limited linguistic complexity; the independently produced videos require students to establish comparisons and make judgements, to develop a coherent and cohesive narrative and to use more advanced grammatical structures and lexis. Moreover, the variety of tasks allows students to develop the key linguistic skills required to approach their final oral assignment, with reading and writing skills being mostly practised through poster design, and oral and listening skills taking centre stage for tasks involving video production.

In addition to a growing engagement with content acquisition and providing students with tools to prepare for their summative assessments, the introduction of LGDC in our curriculum may contribute to enhance the profile of learners beyond the limits of this module. We believe that our current LGDC tasks are designed to develop critical thinking, collaboration, creativity, and communication, some of the core skills underpinning digital literacies (Vuorikari, Punie, Carretero, & Van den Brande, 2016).

4. Conclusion

Given the success of introducing poster design and video production in this module, we would like to explore further formats of LGDC. Formal and informal feedback shows our students have a strong interest in Latin American current affairs and therefore they may be interested in producing short news segments discussing the latest headlines. These learner-generated audio clips could then be shared with peers and the wider student community through podcasting.

As mentioned in this article, student feedback indicates that tasks involving LGDC are perceived as useful and engaging. So far, our conclusions on the effectiveness of this pedagogical approach are based on quantitative data collected from a single cohort of 33 students. We believe there is a need for a more rigorous mix-methods approach to validate our assumptions. Therefore, we conducted two focus groups with our Spring 2019 cohort to collect qualitative data (13 students). The next step in our research is to analyse those results and collect further qualitative and quantitative data from our Autumn 2019 cohort.

LGDC may be a newcomer in the area of modern languages learning, teaching, and research but, considering current digital practices that encourage remediation, remixing, and content sharing via digital platforms, it may be ideally placed to encourage students to view language learning not just a practical skill but as a space for cultural exploration, appropriation, and meaning making.

References

Burke, A. (2011). Group work: how to use groups effectively. *The Journal of Effective Teaching, 11*(2), 87-95

Lambert, C., Philp, J., & Nakamura, S. (2017). Learner-generated content and engagement in second language task performance. *Language Teaching Research, 21*(6), 665-680. https://doi.org/10.1177/1362168816683559

Lecumberri, E., & Pastor-González, V. (2019). Student generated digital content: the use of posters for scaffolding. *Conference paper at E-learning Symposium. New Perspectives: language learning and technology in new educational landscapes. Unoversity of Southampton, 25 January.*

Lecumberri, E., & Suárez, T. (2013). Simulación global en el contexto de una clase de lengua y contenido. *Marco ELE, 16,* 66-74.

Reyna, J. (2018). Learners as co-creators of knowledge using digital media. *Training & Development, 45*(1), 14-15.

Trowler, V. (2010). *Student engagement literature review*. The Higher Education Academy.

Vuorikari, R., Punie, Y., Carretero, S., & Van Den Brande, L. (2016). *DigComp 2.1: the digital competence framework for citizens with eight proficiency levels and examples of use.* Publication Office of the European Union. https://doi.org/10.2791/607218

Wallengren Lynch, M. (2018). Using conferences poster presentations as a tool for student learning and development. *Innovations in Education and Teaching International*, 55(6), 633-639. https://doi.org/10.1080/14703297.2017.1286999

9. Evaluación continuada y para el aprendizaje del español nivel A1 en asignaturas de libre elección en el contexto universitario

Kristina Pla Fernández[1]

Resumen

Durante el curso académico 2018/2019 en las asignaturas de español del Centre for Foreign Language Studies (CFLS) de la Universidad de Durham se evaluó por primera vez a los alumnos usando únicamente la evaluación continuada. El paso del modelo de evaluación con exámenes finales que había imperado hasta entonces a la posibilidad de diseñar una nueva evaluación continuada permitió repensar algunos de los aspectos específicos de la evaluación en el aprendizaje de lenguas en asignaturas de libre elección en general y en el nivel A1 en particular. Teniendo en cuenta las consideraciones acerca del nivel y de los propios estudiantes que se expondrán en lo que sigue, se decidió que el nuevo sistema de evaluación continuada iba a seguir estos principios: motivar al alumno a estudiar de manera continua a lo largo del curso, proveer feedback relevante de manera repetida y ofrecer oportunidades para que el alumno aprenda a aprender.

Palabras clave: A1, evaluación, destrezas integradas, assessment for learning, continuous assessment.

---

1. Durham University, Durham, United kingdom; kristina.pla-fernandez@durham.ac.uk; https://orcid.org/0000-0002-6335-387X

Para citar este capítulo: Pla Fernández, K. (2020). Evaluación continuada y para el aprendizaje del español nivel A1 en asignaturas de libre elección en el contexto universitario. En A. Lallana, L. Hernández Martín y M. Fuertes Gutiérrez (Eds), *Five years of ELEUK conferences: a selection of short papers from 2019* (pp. 101-111). Research-publishing.net. https://doi.org/10.14705/rpnet.2020.41.1079

1. Introducción

La evaluación en asignaturas de lenguas en el ámbito universitario permite decidir si un estudiante aprueba o no y, en asignaturas alineadas con los niveles de referencia del Marco Común Europeo de Referencia (MCER), como las del CFLS de la Universidad de Durham, hace posible precisar también el nivel de lengua del estudiante en relación con el MCER fuera de la institución donde estudia.

Sin embargo, el diseño de las tareas de evaluación del nivel A1 que aquí se exponen estuvo marcado por la intención de que la evaluación fuera funcional para los estudiantes durante el aprendizaje y no solo al final de este. A tal fin, sabiendo que la evaluación puede cambiar la actitud y el compromiso de un estudiante para con una asignatura (Brown, Bull y Pendlebury, 1997) se buscó, a través del diseño de las pruebas de evaluación, que estas cumplieran los siguientes requisitos: motivar al alumno a estudiar de manera continua a lo largo del curso a cambio de la recompensa de una potencial mejoría de la nota obtenida con cada nueva tarea; proveer feedback de manera repetida para que los estudiantes puedan mejorar, dirigir y regular su aprendizaje; y ofrecer oportunidades para que el alumno aprenda a aprender y complemente así su formación como aprendiz de lenguas autónomo.

En este artículo se presentan algunas de las actividades de evaluación continuada llevadas a cabo durante el curso académico 2018-2019, así como los éxitos y fracasos en la consecución de los principios que nos habíamos propuesto. Para terminar, se sugerirán cambios futuros para realinear las actividades con dichos principios.

2. Descripción de la práctica

2.1. Contexto

Esta práctica se llevó a cabo en el centro de idiomas de la Universidad de Durham, en el Reino Unido, en la asignatura Spanish Stage 1 (A1 MCER), impartida en

60 horas lectivas a lo largo de 20 semanas. Habitualmente el estudiantado en esta asignatura es muy heterogéneo. Si bien en el CFLS hay algunos alumnos bi- o plurilingües, la mayoría de los estudiantes tiene pendiente el desarrollo de los procesos de aprendizaje mencionados en el MCER. Se trata, por ejemplo, de estudiantes monolingües anglófonos; estudiantes que han estudiado otras lenguas a nivel inicial, probablemente en la escuela y con métodos no comunicativos y que tienen expectativas de un estilo de aprendizaje basado en la memorización que no se verán correspondidas con las clases del CFLS; o estudiantes a quienes han obligado en sus programas a elegir una lengua y carecen de interés por los procesos de aprendizaje. Entre estos grupos, el desafío principal a menudo es que entiendan las dinámicas y destrezas necesarias para aprender un idioma, el hecho de que hay que trabajar de manera constante y que un nivel elemental no es en realidad un nivel fácil.

2.2. El problema

Así pues, el problema era que aproximadamente la mitad de los estudiantes de la asignatura, de los cuales muchos no tenían conocimiento previo acerca de las estrategias necesarias para aprender un idioma, no dedicaban el tiempo necesario al estudio independiente; lo cual, a su vez, significaba que tampoco las desarrollaban durante el curso. Se identificó la evaluación, en la que formalmente teníamos que dar notas a la comprensión oral y lectora y a la expresión oral y escrita, como posible medio exitoso para tratar de guiarles en este aprendizaje.

Por todo ello y de acuerdo con las tendencias pedagógicas propias del siglo XXI (Davies, 2013, p. 13), la toma de decisiones durante el diseño de actividades de evaluación no solo giró en torno a qué se iba a evaluar y cómo, sino también en torno a por qué y para qué íbamos a hacerlo. Las cuestiones clave en el diseño de cada actividad fueron: ¿Qué es lo que quiero conseguir en el desarrollo de mis estudiantes con esta evaluación? y ¿Cómo puedo hacer que esta evaluación sea el máximo de beneficiosa para su desarrollo?

Para poder diseñar las actividades de evaluación también hubo que superar la contradicción entre la universalidad del nivel A1 y la individualidad del proceso de aprendizaje. Es decir, la dicotomía entre el hecho de que los requisitos de competencia comunicativa de un nivel A1 están recogidos en una serie de descriptores, independientes de los estudiantes y, sin embargo, el nivel A1 se puede discernir solo una vez el estudiante ha adquirido ese nivel, pero el camino de progreso hacia un A1 es único para cada aprendiz.

Por eso, a pesar de que una evaluación que certifique un A1 debería, acorde con los criterios, ser universal, parecía lógico convertir la evaluación continuada, que tendría lugar antes de que los estudiantes consolidaran su A1, en una herramienta a medida para que los alumnos de un curso en particular maximicen su aprendizaje.

2.3. Actividades y justificación

A lo largo del curso se llevaron a cabo tres tareas de evaluación que se centraron en una única destreza cada una, en las que los estudiantes tenían que desarrollar sus propias estrategias para gestionar su aprendizaje de dicha destreza lingüística de manera más exitosa, por lo que se les requería que hicieran un trabajo previo con algunos materiales de las pruebas como preparación para la tarea evaluada en sí.

La primera tarea, de escritura, tuvo lugar en la semana 10 y consistió en escribir una Carta a los Reyes Magos, género textual que ya se había trabajado en clase. La tarea buscaba que los estudiantes se familiarizaran con las características de un texto que demuestre competencia en L2 y pudieran producirlo de una manera consciente. Por eso, dos semanas antes de la prueba recibieron una rúbrica holística y una escala analítica que les sirvieron como guía de estudio y como lista de verificación de qué estructuras incluir en su texto, respectivamente, y que serían también las hojas de feedback que recibirían cuando ya estuviera corregido su texto. Además, a fin de maximizar el aprendizaje, se permitió que los estudiantes trajeran los apuntes y las notas de clase a la prueba.

La segunda prueba, que tuvo lugar en la semana 11, buscaba que los estudiantes desarrollaran su autonomía en la adquisición de la Comprensión Auditiva

(CA), que muchos estudiantes coincidían en destacar como la destreza que les presentaba mayor dificultad. Dos semanas antes de la tarea evaluada se pusieron a disposición de los estudiantes en el entorno virtual de aprendizaje 15 audios basados en los temas y las funciones comunicativas que habían aprendido en las primeras 30 horas de clase. Durante esas semanas recibieron recordatorios sobre la importancia de reconocer vocabulario y saber pronunciarlo para mejorar su CA, además de ideas de cómo trabajar con los audios de clase y las transcripciones y de cómo podían crear ellos sus propias transcripciones para distintos audios. Durante la prueba, los estudiantes fueron evaluados de 3 de esos audios y de uno desconocido, pero similar a los de práctica.

La tercera prueba con componente formativo de destrezas evaluó solo la comprensión lectora y tuvo lugar en la semana 18. Los estudiantes tuvieron acceso a varios textos en formato JPG (para dificultar el uso de traductores online) a través del entorno virtual de aprendizaje durante una semana, acompañados de preguntas analíticas. Los estudiantes completaron esta tarea en casa a su propio ritmo, trabajando en particular su conocimiento del léxico, el orden de los elementos de la oración y la morfología, por ejemplo, cuando tuvieran que buscar una palabra en el diccionario.

Una vez se había llevado a cabo una tarea de evaluación que fomentara el desarrollo de la capacidad de aprender a aprender para cada una de las destrezas que íbamos a evaluar de manera continuada[2], se pasó a la evaluación que integrara distintas destrezas, algo que nos lleva más allá de las destrezas productivas y receptivas y nos permite centrarnos en las destrezas de interacción e incluso en las de mediación, cuya relevancia queda manifiesta en el Volumen Complementario del MCER, y que están mucho más cercanas a la manera en que la lengua se usa fuera del aula por hablantes competentes (Chamorro, 2009, pp. 33-34). Además, igualmente importante es la noción de *constructive alignment*, que requiere que los objetivos de un curso, las actividades realizadas en el mismo y los materiales de evaluación sean coherentes y estén alineados. Dado que las clases se basan en el enfoque comunicativo y del trabajo por tareas, dentro del aula la integración

---

2. La expresión oral se evaluó con un examen grupal a final de curso.

de destrezas es frecuente (Chamorro, 2009, pp. 33-34), por lo que también nos parecía lógico que la segunda parte de la evaluación tuviera ese formato.

Otro aspecto relevante de programar las tareas con destrezas integradas cuando se hubiera cubierto ya un mayor contenido del curso es que las tareas de respuesta abierta requieren que los estudiantes pongan en práctica conocimientos gramaticales que tienen funciones textuales y comunicativas variadas, así como vocabulario específico y, al producir lengua, deben generar contextos de uso para esos conocimientos (Purpura, 2013, p. 114).

La primera de las tareas que integró destrezas, que es la que aquí se presenta, combinó CA y Expresión Escrita (EE) y tuvo lugar en la semana 16. Al diseñar esta prueba, que constó de 6 ejercicios, el principal obstáculo fue cómo puntuarla. Inicialmente, se planteó la posibilidad de dar una nota única para ambas destrezas en cada tarea, de manera que luego se sumara el total y hubiera una única nota de la prueba. Sin embargo, debido a la gran disparidad de dominio de la CA entre los estudiantes, al final se decidió que en esta tarea (1) hubiera una pequeña parte, supuestamente un poco más accesible y más relativa a los contenidos propios del primer semestre, en la que se evaluaría solamente la CA (que valdría un 20%), (2) que la necesidad de haber comprendido el audio para poder llevar a cabo la parte escrita aumentara de forma progresiva, y (3) que cada tarea de la prueba tuviera dos notas distintas, una para CA y otra para EE.

Esta tarea y la siguiente se basaron en el uso de imágenes, en actividades muy similares a las actividades 1 y 2 de la parte de CA del Diploma de Español como Lengua Extranjera (DELE). En la tercera, la relación entre el input auditivo y la producción escrita era débil, ya que la parte de CA sólo servía como ejemplo para la parte escrita. La tarea consistía en escuchar a una persona describir su rutina semanal y escribir seis actividades mencionadas de la manera más específica posible, mencionando la hora, la frecuencia, el lugar y el día de la actividad (CA). A continuación, se les daba una página de agenda igual que la que acababan de completar mientras escuchaban y tenían que rellenarla con su propia rutina semanal (EE). Esta tarea sumaba un 40% de la nota escrita de la prueba, para dar oportunidades a los estudiantes cuya CA fuera limitada pero que tuvieran mejor nivel en la EE.

En las tareas restantes, la producción escrita dependía del input auditivo, pero seguían obteniendo puntuaciones distintas para las dos destrezas. En la tarea número cuatro oían a cuatro personas que explicaban sus gustos y pasatiempos y los estudiantes tenían que escribir sobre cuatro o cinco de las cosas que oyeran y cómo se relacionaban con ellas, en particular dos que compartían y dos en las que diferían y una comentando lo que ellos quisieran. En la quinta tarea, los estudiantes escuchaban un menú en español que tenían que traducir al inglés, bajo el supuesto de que comían con amigo anglohablante (CA). Luego tenían que escribir un pequeño texto explicando qué comerían ellos en ese restaurante y por qué (EE). En la sexta y última tarea, oían un mensaje de WhatsApp real de una hablante nativa justificando sus planes de merienda y cena y, a continuación, había un par de preguntas de CA que respondían en inglés para evitar la simple transcripción (CA) y otra en la que relacionaban lo que habían oído con sus propios hábitos, en español (EE).

3. Análisis de resultados

Las tres primeras tareas descritas, que buscaban el desarrollo de la capacidad de aprender a aprender, fueron exitosas. Después de la tarea de EE, muchos estudiantes reconocieron que haber tenido que consultar el libro y las notas de clase numerosas veces con una mentalidad comunicativa y estratégica, intentando incluir variedad y corrección, les había dado una lección de cómo escribir en lengua extranjera, que iban a seguir aplicando a su manera de escribir sus redacciones formativas durante el resto del curso. La preparación de la tarea de CA también obtuvo comentarios muy positivos con la opinión generalizada de que todos mejoraron mucho, dentro de sus posibilidades, su CA, ya que les obligó a adquirir el hábito de practicarla y a desarrollar maneras de trabajarla que luego aplicaron en su estudio independiente durante el resto del curso. Los comentarios de los estudiantes acerca de la tarea de comprensión lectora de la semana 18 incidieron en aspectos con implicaciones similares respecto a su capacidad de aprender a aprender.

Sin embargo, también cabe destacar que la administración de las pruebas es mejorable en términos de seguir asegurando el máximo aprendizaje del alumno durante las mismas y para asegurar que tengan validez evaluadora. En la prueba de EE, la falta de presión por memorizar, que se extendió a lo largo del curso porque se permitió llevar libros y las notas también a las otras pruebas de evaluación, fue perjudicial para la fluidez oral de los estudiantes. Por eso, en el futuro no se permitirá el uso de libros ni notas durante las pruebas.

En la tarea de CA, que se llevó a cabo en una sala de ordenadores, se permitió escuchar los audios tantas veces como quisieran pero debido a la infrecuencia con que podemos escuchar una conversación repetidamente (Wagner, 2013, p. 58) y en vista de que las notas oscilaron entre un 5 y un 95 sobre 100, la escucha ilimitada fue extremadamente ventajosa para algunos e indiferente para otros, en el futuro durante la prueba solo permitirá escuchar los audios dos veces.

Por último, en la prueba de comprensión lectora, algunos estudiantes obtuvieron notas hasta 50 puntos por encima de la nota que obtuvieron en el examen oral. Esta disparidad indica que esos estudiantes probablemente completaron la tarea con ayuda de terceros o de internet y que la nota que obtuvieron no es representativa de su aprendizaje. Además, en ese caso tampoco habrían desarrollado destrezas de aprendizaje de la comprensión lectora. A fin de resolver estos incidentes, el próximo curso académico los estudiantes volverán a tener una semana para leer los textos, pero deberán completar las tareas de comprensión en clase, donde se les dará una nueva copia de los textos (no podrán traerlos anotados). Además, el próximo curso se requerirá que las respuestas sean en español en lugar de en inglés, de modo que esta tarea integre dos destrezas y evite someter a los estudiantes a demasiadas tareas de evaluación durante el curso.

Finalmente, el éxito respecto a la integración de destrezas en la prueba presentada es relativo si nos atenemos a las tres premisas que establecen Knoch y Sitajalabhorn (2013). Es cierto que en al menos la mitad de las tareas (tareas cuatro, cinco y seis) se cumple con la primera premisa, que es que el input de la tarea debe ser significativo, tienen que ser textos 'ricos en lengua'. En esas mismas tareas también se cumple con la segunda premisa, que es que la tarea debe requerir indefectiblemente que el material del input sea comprendido, usado y transformado a fin de completar la actividad de producción. Sin embargo, al dividir las notas de ambas destrezas en pos de beneficiar a los estudiantes según su diversidad, se obvió la tercera premisa de Knoch y Sitajalabhorn (2013), que indica que la escala de evaluación que elijamos ya sea holística o analítica, tiene que evaluar la capacidad del examinado de encontrar, seleccionar, organizar y conectar las ideas originales en el texto producido. Es decir, el texto producido no se puede evaluar de manera independiente, sino que el trabajo de transformación debe ser parte de los criterios de evaluación también.

4. Conclusión

La mayor carencia de esta práctica docente, especialmente en relación con los objetivos que nos habíamos marcado, fue la calidad y cantidad del feedback. Aunque los estudiantes estaban invitados a acudir a reuniones para consultarlo, solo 10 de 100 lo hicieron. La propuesta para el próximo curso académico es ofrecer una sesión grupal de feedback en la que los estudiantes puedan ver su prueba, comentarla con los compañeros y preguntar dudas al profesor en un aula reservada para la ocasión poco después de cada prueba, en el caso de las destrezas de EE y comprensión lectora. En lo que respecta a la CA, se propone que las sesiones en las que tengan lugar estas pruebas incluyan que una vez todos los estudiantes hayan entregado, se vuelvan a escuchar los audios en grupo y con las transcripciones, de manera que los estudiantes no puedan enmendar la prueba que ya han entregado y a su vez reciban un feedback inmediato.

Otro de los objetivos de la evaluación planteados como punto de partida se consiguió en el caso de la mayoría de los alumnos; es decir, la evaluación los motivó para que estudiaran de manera continua a lo largo del curso a cambio de la recompensa de una potencial mejoría de la nota obtenida con cada nueva tarea.

Sin embargo, este enfoque y el hecho de que el discurso del profesorado girara alrededor de la idea de la mejora de la nota como principal motor para el repaso constante de los nuevos contenidos, también puede entenderse como, en cierto sentido, contraproducente respecto al desarrollo del aprendizaje autónomo. Mientras que el estudiante podría reflexionar sobre la naturaleza acumulativa de la lengua como materia y la importancia del trabajo continuado; o motivarse al ganar dominio lingüístico que le permita una participación más significativa o creativa en el aula; o consolidar su identidad como hablante de una lengua extranjera y en consecuencia mejorar en su *savoir-etre* (MCER) saber ser como usuario y aprendiz de una lengua extranjera; el énfasis que el planteamiento del sistema de evaluación da a la nota puede limitar esas otras potenciales motivaciones intrínsecas del alumno.

Respecto al último objetivo, la evaluación cumplió con el propósito de proveer oportunidades para que los estudiantes pudieran mejorar, dirigir y regular su aprendizaje, así como oportunidades para que el alumno desarrollara su *savoir-apprendre* (MCER) en su trabajo autónomo al prepararse para las tareas que se han descrito anteriormente. Sin embargo, el desarrollo de la noción de sí mismos como agentes de su aprendizaje y el autoanálisis del propio aprendizaje y de las estrategias necesarias para aprender español fue bastante dispar entre los estudiantes del mismo curso. Por todo ello, en el futuro parece oportuno crear un espacio para el diálogo compartido entre aprendices acerca del desarrollo de las destrezas de aprender a aprender, de manera que los estudiantes puedan compartir sus técnicas de estudio y sus reflexiones acerca de qué aspectos del trabajo independiente le son más rentables en cuanto a las distintas destrezas. Aún más, dado que el conocimiento de ese desarrollo es del dominio del profesor, en próximos cursos se propone que el desarrollo del aprender a aprender esté guiado, no solo por el propio alumno y los materiales complementarios sugeridos por el profesor, sino también a través de un diario de reflexión acerca del propio progreso y las destrezas y debilidades lingüísticas de cada uno, así como de catálogos de micro actividades que se pueden llevar a cabo de manera independiente para trabajar cada una de las destrezas y replicar con distintos inputs y outputs.

Referencias

Brown, G., Bull, J., & Pendlebury, M. (1997). *Assessing student learning in higher education*. Routledge.

Chamorro, M. D. (2009). Integración de destrezas en niveles iniciales. *Monográficos MarcoELE, 9*. https://marcoele.com/descargas/expolingua1996-chamorro.pdf

Davies, A. (2013). Fifty years of language assessment. In A. J. Kunan (Ed.), *The companion to language assessment* (pp. 1-21). Wiley-Blackwell. https://doi.org/10.1002/9781118411360.wbcla127

Knoch, U., & Sitajalabhorn, W. (2013). A closer look at integrated writing tasks: towards a more focussed definition for assessment purposes. *Assessing Writing, 18*(4), 300-308. https://doi.org/10.1016/j.asw.2013.09.003

Purpura, J. (2013). Assessing grammar. In A. J. Kunan (Ed.), *The companion to language assessment* (pp. 100-124). Wiley-Blackwell.

Wagner, E. (2013). Assessing listening. In A. J. Kunan (Ed.), *The companion to language assessment* (pp. 47-63). Wiley-Blackwell.

Testimonios

Nos gustaría cerrar este volumen con los testimonios de los asistentes a la conferencia anual de Edimburgo de 2019 a quienes preguntamos sobre sobre el impacto de la asociación y las conferencias ELEUK en su quehacer profesional. A continuación, ofrecemos una breves selección de las respuestas recibidas.

"Asistir a los encuentros me ha ayudado a querer ser mejor profesor de ELE: las ideas que surgen de la interacción con otros colegas, conocer los que otros hacen en sus clases de ELE y aprender lo que se está investigando en el ámbito académico: todo me motiva a seguir trabajando y descubriendo cómo ser mejor en esta profesión."

"He podido conocer y escuchar a autores que he leído."

"ELEUK ha sido durante todos estos años mi fuente de reflexión en mi quehacer profesional. Tras años de práctica docente, la asociación sigue alimentando mi curiosidad. Gracias a ella, sigo creciendo y mejorando."

"He podido difundir los resultados de los proyectos y estudios que llevo a cabo con mis alumnos."

"ELEUK me dio la oportunidad de hacer mi primera presentación en Nottingham."

"Compañeros geniales y más experimentados (y expertos) que yo de los que he aprendido mucho a nivel teórico y humano."

"Mucha formación, talleres que he aplicado en el aula."

"ELEUK ha significado un espacio de reconocimiento a la importancia de la enseñanza de español en universidades del Reino Unido, que muchas veces está infravalorado en los departamentos. Del mismo modo, supone un espacio de reconocimiento a la investigación en el campo de la enseñanza de español como lengua extranjera."

"He conocido a compañeros con intereses comunes con los que he colaborado y colaboro."

"He encontrado la 'guidance' (sic) que no tengo en mi centro de trabajo."

"Infinidad de ideas y recursos; ¡inspiración, mucha!"

"Los encuentros de ELEUK me han permitido conocer a much@s compañer@s y aprender de su trabajo, y me ha motivado a iniciar mis propios proyectos (aún precarios) de investigación."

"Me llevo la sensación de no estar sola, de que la investigación sobre español como segunda lengua (ELE) es tan importante como cualquier otro campo."

La fuerza de nuestra asociación reside en sus miembros. No podemos estar más orgullosos.

Author index

A
Acosta, Lidia vii, 3, 55

C
Carvajal, Susana viii, 3, 67

D
Del Pozo García, Alba viii, 3, 79

F
Fuertes Gutiérrez, Mara v, 1

G
García Florenciano, María viii, 2, 7
García Negroni, María Marta viii, 3, 19
González Argüello, M. Vicenta ix, 3, 31

H
Hernández Martín, Lourdes v, 1

K
Kanaki, Argyro ix, 3, 67

L
Lallana, Amparo v, 1
Lecumberri, Esther ix, 4, 89

M
Montmany Molina, Begoña ix, 3, 31
Muñoz López, Juan x, 2, 7

P
Pastor-González, Victoria x, 4, 89
Pla Fernández, Kristina x, 4, 101

S
Saborido Beltrán, Mario x, 3, 41
Soler Montes, Carlos v, xi

www.ingramcontent.com/pod-product-compliance
Lightning Source LLC
Chambersburg PA
CBHW031634160426
43196CB00006B/411